식품안전,
소비자의 **마음**에
답이 있다

식품안전, 소비자의 마음에 답이 있다

초판 1쇄 인쇄 2008년 5월 20일
초판 1쇄 발행 2008년 5월 25일

지 은 이   곽노성
펴 낸 이   손형국
펴 낸 곳   (주)에세이
출판등록   2004. 12. 1(제395-2004-00099호)

주   소   412-791 경기도 고양시 덕양구 화전동 200-1 한국항공대학교
           중소벤처육성지원센터 409호
홈페이지   www.essay.co.kr
전화번호   (02)3159-9638~40
팩   스   (02)3159-9637

ISBN 978-89-6023-169-6 03810

이 책의 판권은 지은이와 (주)에세이에 있습니다.
내용의 일부와 전부를 무단 전재하거나 복제를 금합니다.

식품안전,
소비자의 **마음**에 **답**이 있다

곽노성 지음

Prologue

지난 10년을 되돌아보면 우리 사회에서 참 많은 일들이 있었다. 월드컵을 통해 온 국민이 하나가 되는 즐거운 시간도 있었지만, 부동산 가격 폭등과 같이 서민의 마음을 아프게 한 일들도 있었다. 그런 아픈 순간 중 하나가 불량만두소 사건으로 대표되는 식품안전 사고들이다.

2003년부터 해마다 식품안전 이슈들이 제기되었으며, 이로 인해 우리 사회는 많은 혼란을 경험했다. 생쥐머리 과자, 광우병 쇠고기 등 올해도 어김없이 이런 혼란은 계속되고 있다. 그렇게 오랫동안 혼란을 겪었으면 뭔가 좀 나아질 만도 하건만, 10년 전이나 지금이나 별로 달라진 것은 없다. 오히려 그 파장은 해를 거듭할수록 점점 더 커지는 것 같다.

필자에게 2003년 8월부터 2006년 12월까지 3년 4개월은 비록 몸과 마음은 힘들었지만, 우리나라에서 처음 식품규제정책을 시작한 학자로서 참 행복한 시간이었다. 그간의 연구결과를 바탕으로 두 차례 식품안전종합대책과 식품안전기본법 제정과 식품안전처 출범의 이론적 배경을 제공했다. 학자에게 이론을 실제 현장에 접목시켜보는 것만큼 흥분되는 일은 없다.

지금 되돌아보면 실제 시행된 것은 별로 없는 것 같아 많은 아쉬움이 남는다.

식품안전처를 통한 식품안전 일원화는 새 정부 출범과 함께 변변한 논의도 못하고 역사의 저편으로 사라졌다. 종합대책도 곁가지들만 시행되었을 뿐 정작 시스템을 바꿀 수 있는 핵심대책들은 대부분 시행되지 못했다.

성공하지 못한 이유를 생각해보면 가장 큰 원인은 관련 정부기관과 이익집단의, 변화에 대한 거부와 기득권이었다. 하지만 담당 공무원들, 식품기업체, 시민단체, 국회의원 등 이해 당사자들과의 소통부족도 원인 중 하나가 아니었나 싶다. 의사소통을 통해 과연 기득권의 장벽을 넘을 수 있었을까 하는 회의도 들지만, 그래도 작업 과정에서 소통하고자 하는 노력이 부족했다는 비판은 피하기 어려울 듯싶다.

소통의 부족은 지금도 필자의 마음에 큰 부담으로 남아있다. 3년 넘게 운영된 식품안전T/F에서 유일하게 처음부터 끝까지 자리를 지킨 사람으로서, 종합대책과 식품안전기본법, 식품안전처에 대해 이론적 배경을 제공한 사람으로서 이 마음의 부담을 어떻게 하면 털어버릴 수 있을까 고민을 했다. 그래서 나온 결론이 책을 쓰자는 것이었다. 당시 대책이 나온 배경을 책으로 남기면 나중에 누군가 다시 이 일을 시작할 때, 시행착오를 훨씬 줄일 수 있지 않을까 하는 생각이

들었다. 정작 책을 쓰다 보니 저자 스스로도 식품안전이나 소비자보호에 대해 더 많은 생각을 하는 좋은 계기가 되었다.

    우리는 서로의 이해가 얽힌 주제에 대해 이야기하다보면 어느덧 문제의 본질은 사라지고 누가 이득을 보는가에만 관심을 갖는 경우가 많다. 세상일이라는 게 다 얻는 사람이 있으면 잃는 사람이 있는 것이라 갈등을 피하기는 어렵다. 하지만, 누가 뭘 할 것인가 보다 우리가 왜 고민해야하는가라는 것에 대해 합의를 먼저 끌어낸다면 복잡한 문제도 의외로 쉽게 풀릴 수 있다. 돌아가는 게 더 빨리 가는 길일 수 있다.

    이 책은 관련 공무원은 물론 식품기업체, 소비자단체, 그 밖에 식품문제에 대해 관심이 있는 많은 분들이 정말 우리의 식품문제는 무엇이 잘못되었는가를 함께 고민했으면 하는 취지에서 만들어졌다. 그런 취지에서 어떤 한 가지 주제에 대한 해결책을 제시하기 보다는 식품안전 문제의 본질이나 전반적으로 나아가야할 방향에 대해 이야기 하고자 했다. 그렇다보니 지금 당장 쓸 수 있는 대책은 별로 제시된 것이 없다.

    앞으로 좀 더 많은 분들이 왜 우리가 해마다 이렇게 식품안전 문제로 불안해하고 있는지, 그 '왜(Why?)'에 좀 더 많은 관심을 가질 수 있었으면 하는 게 필자의 바람이다.

지난 3년간 국무총리실에서 같이 고생했던 동료들, 식약청 출신으로 유독 마음고생이 심했던 필자에게 많은 힘이 되어주었던 분들께 감사의 말씀을 드린다. 항상 든든한 버팀목이 되어주는 아내 이종경, 가영이와 건우, 아버지, 어머니, 장인, 장모님께도 감사의 말씀을 드린다.

2008년 5월
곽 노 성

CONTENTS

프롤로그 4

chapter 1

국민건강보다 불안이 문제 13
가. 식품의 위해요인 14
나. 위해식품이 건강에 미치는 영향 17
다. 불안이 문제였던 과거 식품사고 19
라. 식품불안은 선진국도 마찬가지 21

chapter 2

식품 불안의 원인 25
가. 식품에 민감한 소비자 26
   1) 먹는 것은 인간의 본능 27
   2) 소비자 시대 28
   3) 음식은 가장 오래된 문화 29
   4) 삶의 질 향상에 대한 기대 30
   5) 불확실에 대한 공포 31

나. 용어의 잘못된 사용 33
   1) 식품위생의 정의 34
   2) 식품의 안전과 적합성 36
   3) 식품위생의 범위 38
   4) 식품규제와 식품법 38

다. 절대적 식품안전은 불가능 41
   1) 다양한 식품안전 수준 41
   2) 통상적 식품안전 목표 43
   3) 우리의 식품안전 목표 45

라. 불완전한 과학 ··· 47
　　1) 과학은 퍼즐게임 ··· 47
　　2) 위해성 평가의 한계 ··· 49
　　3) 결국 사람이 판단 ·· 50

chapter 3

사회적 합의가 중요　　　　　　　　　　　　　　55
　가. 식품규제도 사회적 합의가 필요하다 ······················ 56
　　1) 의사결정의 복잡성 ·· 56
　　2) 우리의 잘못된 인식 ··· 58

　나. 과학은 문제를 해결하고 합의를 촉진시킨다 ············ 59
　　1) 식중독 해결의 열쇠 ··· 60
　　2) 비합리적 판단 배제 ··· 61
　　3) WTO에서의 방패 ·· 62

　다. 과학적 평가와 정책적 판단의 분리가 필요하다 ······· 64
　　1) 정치논리에 좌우될 우려 ······································· 65
　　2) 전문성 저하 ·· 67

　라. 미드필더를 키워라 ·· 67
　　1) 사회과학자의 필요성 ·· 68
　　2) 자연과학자의 함정 ··· 70
　　3) 자연과학과 사회과학을 모두 이해하는 사람이 필요하다 ······· 71

chapter 4
정부와 민간의 역할 분담 75

가. 조정자로서의 정부 76
  1) 당사자로서 정부의 한계 76
  2) 정치적 영향력 최소화가 가능하다 78

나. 규제 강화는 정답이 아니다 79
  1) 현실과 동떨어진 처벌 강화 대책 79
  2) 기업의 발목만 잡는다 81

다. 시장 기능을 최대한 활용하라 83
  1) 정부는 태생적 한계가 있다 83
  2) 기업과 소비자가 직접 해결하는 게 가장 좋다 84

라. 연구와 평가는 민간에 맡겨라 86
  1) 연구 활동 87
  2) 과학적 평가 88
  3) 안전기준 설정 90

마. 정부는 위기관리에 집중해야 91
  1) 위기관리는 불확실성 최소화부터 91
  2) 소비자의 입장에서 대응해야 93
  3) 외교적 마찰과 테러의 위협 95

바. 가장 중요한 것은 평소에 쌓아놓은 신뢰 96
  1) 소비자를 직장상사 대하듯이 96
  2) 현실적 안전으로 소비자 마인드가 바뀌어야 97

chapter 5
식품안전기능 통합은 개혁의 출발점 101

가. 지금 상태로는 안 된다 102
  1) 현행 업무분장 102
  2) 다원화는 불필요한 문제 양산 107

나. 통합은 전 세계적 흐름 108
  1) 기본원칙 109
  2) 외국사례 113

다. 식품규제의 독립영역화 117
  1) 식품규제는 소비자행정 117
  2) 팽창하는 식품규제영역 121

라. 우리 모델을 만들어야 125
  1) 우리 모델의 필요성 125
  2) 미국에 대한 맹신 126
  3) 유럽에 대한 편향된 해석 129

마. 식품안전처 추진의 의미와 한계 130
  1) 설치방안 131
  2) 추진 의미 132
  3) 실현되지 못한 이유 134
  4) 식품안전처 모델의 한계점 135

에필로그 138

1. 국민건강보다 불안이 문제

1. 국민건강보다 불안이 문제

식품은 사람이 살아가는데 가장 필요하다는 의(衣)식(食)주(住) 중 하나로 행복한 삶을 위해 매우 중요하다. 이렇게 중요한 식품의 안전에 대해 지금 우리 국민들은 많이 불안해하고 있다. 해마다 터지는 식품사고와 식품안전에 대한 논란은 줄어들기는커녕 해가 갈수록 오히려 더 잦아지고 있다.[1] 불량만두소, 김치기생충알, 말라카이트 그린, 생쥐머리 새우깡, 광우병 등 해마다 발생하는 대형 식품사고는 소비자들의 일상생활을 바꿔놓을 뿐만 아니라 국가경제에도 매우 부정적인 영향을 미치고 있다.

가. 식품의 위해요인

식품에 의한 건강상 위해는 크게 화학적 위해와 생물학적 위해로 구분된다. 화학적 위해를 일으키는 물질은 식품첨가물, 농산물 재배나 축산에 사용되는 잔류농약과 동물용의약품, 다이옥신과 같은 내분비교란물질, 버섯독이나 복어

---

1) 2007년 한국소비자원 발표에 따르면, 안전체감지수 100점 만점에 국산농산물은 71.3점, 축산물 55.3점, 수산물 49.6점이 나왔다. 평균 58.7점으로 그리 높은 점수는 아니다. 수입식품은 더 심각하다. 농산물 22.5점, 축산물 11.6점, 수산물 9.8점이 나왔다. 한마디로 "국산도 좀 찜찜하지만, 수입산은 알고는 못 먹는다."는 것이다.

독과 같은 자연독 등이 있다. 식품첨가물, 농약, 동물용의약품은 우리가 의도적으로 사용하는 물질이다. 반면 중금속, 내분비교란물질, 자연독은 환경으로 인해 오염되거나 원래 식품에 들어있는 물질로 우리가 의도적으로 사용한 물질은 아니다.

화학적 위해의 경우, 자연독을 제외하면 한두 번 잔류기준을 초과한 식품을 먹었다고 해서 건강상 문제가 생기는 것은 아니다. 주로 일정량 이상을 장기간 섭취했을 때 문제가 생긴다. 간혹 농약사고가 발생하기는 하지만, 이는 농약이 과다 잔류된 식품을 먹고 일어난 것이 아니라, 농약을 밀가루로 잘못 알고 먹어 발생하는 사고다.

그렇다고 화학적 위해는 없다고 말 할 수는 없다. 현재 과학수준에서 볼 때는 안전하지만, 나중에 위해한 것으로 확인되는 경우들이 적지 않다. 트랜스지방산의 경우, 과거에는 문제가 없다고 생각했었는데, 과학의 발달로 건강에 해롭다는 것이 밝혀진 경우다. 다만, 화학적 위해는 대부분 당장 건강에 문제가 될 정도로 치명적이지는 않다. 또한 체질, 운동량 부족, 스트레스 등 다른 요인들도 발병에 많은 영향을 미친다.

생물학적 위해를 일으키는 요인은 콜레라, 세균성 이질과 같은 수인성전염병(waterborne disease), 광우병이나 기생충과 같이 가축에서 전염되는 인수공통감염증(Zoonosis) 등이 있다. 살모넬라, 병원성대장균 O157:H7, 캄필로박터는 수인성이면서도 인수공통인 전염병이다.

우리 건강에 미치는 영향은 위해의 종류별로 상당히 다르다. 콜레라[2]의 경우, 제때 치료하지 않으면 치사율이 5%에 이를 정도로 치명적이다. 인간 광우병

---

[2] http://www.cdc.gov/nczved/dfbmd/disease_listing/cholera_gi.html

인 vCJD(변종 크로이츠펠트 야콥병)도 걸릴 확률은 낮지만, 치사율은 100%다. 반면 노로바이러스[3]는 대부분 1-2일 이내에 완쾌되고 후유증이 없을 정도로 경미하다.[4] 생물학적 위해는 광우병을 제외하면 대부분 오염된 식품을 먹고 수 시간 내지 수일 이내에 발생한다. 화학적 위해에 비해 질병발생까지 걸리는 시간이 매우 짧다. 식품은 사람보다 훨씬 광범위한 지역에서 빠르게 유통되기 때문에 식품매개 전염병이 사람으로 인한 전염병보다 더 빨리 확산된다. 현재 전염병 관리법에서 정한 6개 중 페스트를 제외한 5종의 전염병[5]이 주로 식품과 물을 통해 전염될 정도로 전염병 관리에서 음식물은 매우 중요하다.

    오염 경로도 다양하다. 식중독균 보균자가 음식을 조리했을 때 발생할 수도 있고, 감염된 가축이 생산한 우유나 식육을 먹고 걸릴 수도 있다. 오염된 물로 음식을 조리하거나 씻었을 때도 발생할 수 있다.

    많은 소비자들은 생물학적 위해보다 잔류농약과 같은 화학적 위해를 더 우려한다고 한다. 하지만 과학적으로 볼 때 생물학적 위해가 화학적 위해보다 훨씬 위험하다. 화학적 위해의 경우, 잔류기준을 초과한 식품을 한두 번 먹었다고 식중독에 걸리지는 않는다. 반면, 생물학적 위해는 오염된 식품을 한번 잘못 먹는 것만으로 치명적인 식중독에 걸릴 수 있다.

    인수공통감염증은 돌연변이를 통해 그 위험성이 갑자기 커질 수 있다는 점에 국민건강 차원에서 집중 관리가 필요하다. 예를 들어 최근 유행하는 조류 인플루엔자의 경우 식품으로 인한 전염 가능성은 매우 낮다고 한다. 하지만 그 바이러스가 1918년 스페인독감 바이러스처럼 변형을 일으키면 수주일 내에 수백만

---

[3] http://www.cdc.gov/ncidod/dvrd/revb/gastro/norovirus-qa.htm
[4] 어린이나 노약자의 경우 노로바이러스 식중독으로 인해 탈수가 생겼을 때, 충분한 수분을 공급해주지 않으면 문제가 생길 수도 있다.
[5] 콜레라, 장티푸스, 파라티푸스, 세균성이질, 장출혈성대장균감염증

명이 사망할 정도로 사람에게 치명적일 수 있다.

나. 위해식품이 건강에 미치는 영향

위해식품이 우리 건강에 미치는 영향은 얼마나 될까? 여러 방식의 평가가 가능하겠지만, 가장 객관적인 평가는 식중독이 전체 질병관리에서 차지하는 비중이 아닌가 생각된다. 식중독(foodborne diseases, 食中毒)은 위해식품으로 인해 우리 건강이 나빠졌다는 것을 현대 의학으로 확인한다는 점에서 객관적이다. 식중독 보고는 주로 식중독균과 같은 생물학적 위해로 인해 발생한다. 반면, 화학적 위해는 거의 보고되지 않는다. 2006년 통계를 보면, 화학물질과 자연독으로 식중독이 발생한 경우가 각각 1건씩이었다. 반면, 식중독균에 의한 경우는 2백여 건 정도였다. 이렇게 되는 가장 큰 이유는 생물학적 위해는 주로 단기간에 우리 건강에 해를 입히는 반면, 화학적 위해는 장기간 섭취로 인해 발생하기 때문이다. 발생 기간이 길다보니 정작 발생하더라도 인과관계를 밝히는 것도 매우 어렵다.

현재 전염성이 높은 식중독 통계는 질병관리본부에서 담당하고 있고, 그 밖의 식중독 통계는 식약청에서 담당하고 있다.[6] 이들 두 통계를 합해보면 대략 우리나라에서 발생하는 식중독 환자수를 추정해볼 수 있다.

2006년 우리나라에서는 세균성이질 302명, 장티푸스 191명, 비브리오패혈증

---

6) 전염성 정도에 따라 식중독 통계를 질병관리본부와 식약청에서 따로 관리하다보니 국가적으로 정확한 식중독 통계를 파악하기 어렵다. 뿐만 아니라 통상 식약청의 식중독 통계를 국가의 대표적 식중독 통계로 활용하다보니, 정작 전염성이 높은 식중독은 전염병이라는 이유로 식중독 통계나 관리에서 제외되는 모순이 발생한다. 최근 질병관리본부는 그간 전염성이 낮다는 이유로 관리하지 않던 노로바이러스 등의 식중독균을 전염병으로 지정고시하였다. 하지만, 아직 이들에 대한 공식 통계는 나오지 않고 있다. 선진국에서 모든 식중독 통계는 식품안전기관이 아닌 질병관리기관이 전담한다. 그렇게 하는 이유는 역학조사에서 식품보다 사람이 중요하고, 역학조사 마무리 전까지는 사람과 식품 중 어떤 원인으로 인해 감염되었는지 알 수 없기 때문이다.

83명의 환자가 발생했다.[7] 이밖에 세균으로 6,516명(126건), 바이러스로 3,371명(54건)의 환자가 발생했다. 대략 1만1천 명 정도의 식중독 환자가 발생한 것으로 추정된다.

그렇다면, 우리나라에서 발생하는 식중독 환자가 1만여 명 정도뿐일까? 국내 관행이나 외국의 연구결과를 볼 때, 그렇게 보기는 어렵다. 식중독에 걸렸다고 병원을 가는 사람은 많지 않다. 설령 병원에 가더라도 의사들은 보건소 신고 등의 불편함을 회피하기 위해 원인불명 장염으로 판정한다.

식중독의 경제적 영향에 대한 연구[8]에서는 2005년 우리나라에서 발생한 식중독 환자를 대략 7백만 명으로 추정하고 있다.[9] 2006년 건강보험심사평가원에 보고된 콜레라 등 장관 감염성 질환[10] 환자는 335만 명이었으며, 이중 입원환자는 15만 명이었다. 내원일수가 6백만일 정도였으며, 지불한 진료비는 1천6백억이었다.

2006년 한 해 동안 총환자수는 4천2백4십만 명이었으며, 내원일수는 6억7천일 정도였다. 총 진료비는 19조5천억 원 정도였다. 장관 감염성 질환자가 모두 식중독 환자라고 가정할 때[11], 식중독이 차지하는 비중은 내원일수 기준으로 1.2%정도이며, 비용 기준으로는 0.8%다. 위해식품으로 인한 식중독이 전체 질병관리에서 차지하는 비중은 매우 작다. 그 정도면 우리 식품의 안전은 매우 높다고 볼 수 있다.

---

7) 정확한 식중독 통계가 없는 상황에서 여기에서는 질병관리본부와 식약청의 통계를 임의로 취합하였다. 그렇다보니 피부상처와 같이 다른 경로를 통해 발생한 전염병이 식중독으로 포함됐을 수도 있다. 다만, 이렇게 환산한 목적이 통계 산출이 아니라 식중독이 우리 건강에 미치는 영향을 파악해보고자 한 것이라는 점에서 독자의 양해를 바란다.
8) 이계임 등,〈식품위해물질 관리의 비용편익분석 방법과 적용사례〉,농촌경제 제30권제4호, pp.1-29
9) 식중독으로 인한 사회적 손실은 치료비와 노동력 상실 등을 합쳐 1조5천억 원 정도라고 한다.
10) 298 질병제표용 분류표〈건강보험심사평가원, 2006〉에서 식중독으로 추정할 수 있는 질병은 콜레라, 장티푸스 및 파라장티푸스, 시겔라증, 아메바증, 감염성 기원이라고 추정되는 설사와 위장염, 기타 장관 감염성 질환으로 판단된다.
11) 장관 감염성 질환자가 모두 식중독 환자라고 할 수는 없지만, 전체 식중독 환자수를 추정해볼 수 있는 간접 지표는 될 수 있다. 이 수치는 7백만 명이라는 앞서 언급한 연구결과와도 얼추 비슷하다.

다. 불안이 문제였던 과거 식품사고

과거 발생했던 식품사고나 안전성 논란 사례를 보면, 국민건강이 아니라 이를 둘러싼 불안과 불신의 문제였다는 것을 확인할 수 있다.

최근 5년을 중심으로 그간 발생한 대표적인 식품사고를 정리해보면, 대략 아래 표와 같다. 2008년 발생한 미국산 쇠고기의 광우병, 이물질 사건부터 2007년 사카자키균 분유, 2006년 과자의 식품첨가물, CJ 대형학교급식 식중독, 2005년 말라카이트 그린, 2004년 불량만두소 사건까지 매년 참 많은 식품사고와 안전성 논란이 있었다. 그 전에도 조류 인플루엔자, GMO 등으로 논란이 많았으며, 이들 중 상당수는 지금도 국민들을 불안하게 하고 있다.

발생년도	사고 및 논란 내용
2008년	이물질(생쥐머리 과자, 칼날 참치, 벌레 라면 등), 광우병(미국산 쇠고기)
2007년	사카자키균(분유, 이유식), 농약(녹차)
2006년	식품첨가물(과자), CJ 대형학교급식 식중독
2005년	김치기생충알, 말라카이트 그린(중국산 장어, 국내산 숭어)
2004년	불량 만두소
2004년 이전	고름우유, 포르말린 통조림, 일본 광우병, 조류 인플루엔자, GMO 등

그렇다면, 이러한 식품사고나 안전성 논란으로 인해 국민건강이 진짜 나빠진 경우는 얼마나 될까? 우리가 건강상 피해를 입은 경우는 2006년 발생한 CJ 대형 학교급식 사고가 유일하다. 그나마 이 경우에도 노로바이러스에 의한 것이라 그 피해는 경미했다. 3천여 명의 학생 중에 후유증이 생기거나 위태로운 상황까지 이른 경우는 없었다. 다른 경우에는 실제 건강상 피해를 입은 사람이 없었다. 그나마 만일 모르고 먹었다면 문제가 됐을 것으로 예상되는 경우도 칼날조각이 들어간 참치나 사카자키균에 오염된 분유와 이유식 정도다.

잔류농약이 검출된 녹차나 말라카이트 그린에 오염된 수산물의 경우, 기준치를 초과하기는 했지만 잔류량이 매우 작아 건강에 해를 줄 정도는 아니었다. 벌레나 생쥐머리와 같은 이물은 혐오감을 주기는 하지만, 역시 건강에 해가 되지는 않는다. 불량 만두소도 마찬가지다. 비록 비위생적으로 만들어지기는 했지만, 건강상 문제가 생길 가능성은 없다. 고름우유[12], 포르말린통조림[13]은 과학적 사실이 잘못 해석된 경우였고, 광우병이나 조류독감, GMO도 위해성 논란만 많을 뿐 우리나라에서 피해자는 아직 보고된바 없다.

이들 식품사고와 안전성 논란으로 인한 진짜 피해자는 사회적 파장이 커지고 기업이 도산하면서 자살한 2명 이상의 사업가와 말라카이트 그린 사고처리업무를 하다 과로로 순직한 해양수산부 공무원 1명이다. 경제적 피해도 이들을 다

---

12) 95년 10월 유방염에 걸린 젖소에서 짜낸 우유를 소비자가 마신다는 언론보도가 나오면서, 고름우유라는 명칭이 붙여졌다. 같은 해 11월 농림수산부는 고름우유란 존재할 수 없으며 체세포수가 많은 우유를 먹는다고 건강에 해롭지는 않다고 판정하였다. 이후 업체 간 고름우유 공방 광고에 대해 공정거래위원회의 시정명령이 내려졌다.

13) 98년 검찰이 통조림의 변질을 막기 위해 포르말린을 사용했다는 이유로 우리농산 등 관련 업체들을 기소하였다. 이에 대해 식약청은 포르말린이 인위적으로 사용하지 않더라도 자연적으로 생길 수 있다는 의견을 제시하였고, 2000년 대법원에서 최종적으로 무죄판결이 내려졌다. 하지만 관련 업체들은 안전성 논란으로 모두 파산하였다.

합치면 1조 원은 족히 넘지 않을까 싶다.

한마디로 국민건강이 아닌 불안과 불신의 문제였다. 우리가 얼마나 불안해했는지는 CJ 학교급식사고의 진행경과를 보면 알 수 있다. 2005년 우리 국민들은 김치 기생충알과 말라카이트 그린으로 식품안전에 대해 한창 불안해하고 있었다. 그 때, 위탁급식을 하던 학교에서 식중독이 발생했다. 이로 인해 3천여 명의 식중독 환자가 발생했고, 9만여 명의 학생과 학부모가 한동안 도시락을 싸야했다. 이로 인해, 2년간 국회에서 심의조차 하지 않았던 학교급식법 개정안은 단 3일 만에 국회에서 통과되었다. 당시에는 사학법 개정 문제로 여야가 법안 심의 자체를 안 하던 시절이었다.

정작, 이 법의 시행으로 위탁급식이 직영급식으로 전환되었지만, 앞으로 식중독 사고가 줄어들 것이라고 생각하는 전문가는 없다. 오염된 식재료로 식중독 사고가 발생했다고 추정하는 상황에서, 위탁을 직영으로 전환하고 재원을 많이 투입한다는 것은 근본적인 해결책이 아니기 때문이다.

당시 언론을 통해서도 이러한 문제가 제기되었지만, 국민들의 불안을 잠재울 이벤트가 필요했던 상황에서 더 이상 깊은 논의는 이루어지지 않았다. 급식사고 발생 전과 지금을 비교할 때, 해당 회사가 학교급식에서 철수 했다는 것 이외에는 별로 달라진 게 없다.

라. 식품불안은 선진국도 마찬가지

식품의 안전성 문제가 실제 국민건강에 미치는 영향보다 훨씬 큰 사회적 파장을 일으키는 일은 비단 우리나라만의 일은 아니다.

1999년 유럽에서 발생했던 다이옥신 오염 사고도 실제 건강상 위해보다 정치·사회적으로 훨씬 큰 파장을 일으켰다. 99년 1월 60-80톤의 사료용 지방이 1그

램의 다이옥신과 40-50킬로그램의 PCBs에 오염되는 사고가 발생하였다. 이 오염된 지방은 벨기에, 프랑스, 덴마크의 사료회사에 사료 원료로 공급되었다. 2월에 이 사료를 먹은 닭들이 산란과정에서 문제가 발생하는 것이 정부에 보고되었고, 4월에는 해당 사료와 닭에 고농도의 다이옥신이 있다는 것이 확인되었다. 5월말에는 시중에 유통 중인 닭고기와 계란에서 고농도의 다이옥신 잔류가 확인되었다. 이에 따라, 벨기에 정부는 이 사실을 언론에 공개하였다.

이 사건으로 벨기에는 약 7.5억불의 경제적 손실과 6천여 명이 일자리를 잃었다. 뿐만 아니라, 정부가 2월부터 문제를 인지하고 있었음에도 이에 대한 대응이 늦었다는 비난이 빗발치면서 정부의 공식발표 보름 후 치러진 선거에서 정권이 교체되었다.

그렇다면, 이로 인한 벨기에 국민들의 건강상 피해는 어느 정도였을까? 벨기에 과학자들이 대표적인 과학학술지인「네이처」에 발표한 연구결과에 따르면, 이번 사고가 일반국민들에게 건강상 해를 끼칠 가능성은 매우 미미하다고 한다. 신체 내 PCBs와 다이옥신의 농도가 2배 증가하기 위해서는 30-40끼 정도 오염된 닭이나 계란을 먹어야 하고, 이렇게 먹어도 다이옥신 섭취량은 과거 실제 피해가 보고됐던 사례의 1% 이하라고 한다.[14]

이 사건에서 문제가 된 것은 국민건강이 아니라 행정부의 신뢰였다. 우리의 말라카이트 그린 오염 사건[15]과 유사하다.

---

14) 'Food contamination by PCBs and dioxins', Nature, Vol. 410, pp 231-232
15) 2005년 우리나라에서는 말라카이트 그린에 오염된 중국산 장어와 국내산 숭어 등으로 인해 사회적으로 큰 혼란이 있었다. 잔류량이 매우 적어 실제 건강에 문제가 될 가능성은 없었음에도 위기관리 미숙으로 국가적으로 큰 손실을 입었다. 말라카이트 그린 대응에 대한 선진국과의 비교사례는 이 책의 97p에서 좀 더 자세히 기술하였다.

2. 식품 불안의 원인

2. 식품 불안의 원인

가. 식품에 민감한 소비자

우리는 세상을 살아가면서 많은 위험을 겪고 있다. 학교 진학, 취업준비, 직장생활, 노후생활까지 뭐 하나 만만한 것이 없다. 그래서인지 요즘에는 젊은 사람들도 스트레스로 인한 탈모나 불면증에 시달린다고 한다. 사회생활이 힘들다보니 젊은 부부들은 애를 낳아 키우는 것도 꺼린다. 비단 생활만 힘든 것이 아니다. 건강이나 생명과 직결된 위험에도 많이 노출되어 있다. 하루 동안 자동차 사고로 1천명 가까이 부상을 당하고 17명 넘게 죽는다. 하루에 이런 저런 이유로 병원을 찾는 환자들이 1백8십만 명이나 된다.

이렇게 먹고 살기도 힘들고, 병도 많은 세상에서 식품안전은 우리 생활에 큰 위협이 아니다. 주위에서 식중독에 걸려 죽었다는 사람도 없고, 농약 많이 묻은 과일을 먹고 탈났다는 사람도 없다. 중국에서 종종 화학물질로 식품을 만들었다는 뉴스가 들리기는 하지만, 그런 식품까지 수입될 정도로 우리의 수입식품 검사체계가 허술하지도 않다.

그런데 왜 사람들은 이렇게 힘들고 위험이 많은 세상을 살면서 유독 식품의 안전에 민감한 것일까?

1) 먹는 것은 인간의 본능

우리가 살면서 다른 것들은 하루 정도 안 할 수 있다. 텔레비전도 하루 안 볼 수 있고, 자동차도 하루 안 탈 수 있다. 하지만, 밥은 하루에 2~3번 정도 꼭 먹어야 한다. 우리가 세상 살면서 힘들 때 하는 말이다. "먹고 살기 위해서 한다. 목구멍이 포도청이다." 그만큼 식품은 우리 생활에서 절대적이다.

수면욕(睡眠慾), 식욕(食慾), 성욕(性慾)은 인간의 3대 욕구라고 한다. 잠을 안 재우는 고문이 있을 정도로 가장 강한 욕구는 수면욕이다. 그 다음이 식욕이다. 성욕은 수면욕과 식욕이 충족된 다음의 일이다.

먹을거리에 대한 욕망은 사람의 가장 원초적인 본능이다. 사람이 태어나서 처음 찾는 것은 어머니의 젖이다. 사람이 지금의 모습을 갖기 전인 유인원 시절에도, 언어를 통해 의사소통을 하기 전에도 뭐든 먹었을 것이라는 점은 분명하다. 먹을거리에 대한 사람의 본능은 우리 DNA에 뿌리 깊게 박혀 있다.

과거, 식품에 대한 불안은 생존을 위한 절대량의 확보에 대한 것이었다. 지금은 품질, 안전에 대한 불안이다. 우리의 본능이 양과 질을 구분하지는 않는다. 안심하고 먹을거리가 있느냐 여부가 중요하다.

'먹는 것 가지고 치사하게' 라는 말이 있다. 너무 쩨쩨하고 남부끄럽다는 의미로, 먹을거리가 부족한 세상에서 함께 살려면 콩 하나라도 나눠먹어야 한다는 배경에서 나온 말이다. 거꾸로 보면, 우리가 먹을거리에 얼마나 집착하는지를 잘 보여주는 말이다.

2) 소비자 시대

현대사회는 철저한 분업사회다. 농경사회에서는 자기가 재배한 농산물을 먹고 살았지만, 지금 그렇게 사는 사람은 극소수다. 농민들조차도 적은 종류의 식품만 직접 생산한다. 그리고 자기가 생산하지 않는 많은 종류의 식품을 가게에서 사다 먹는다.

우리 모두는 생산자로부터 돈을 주고 식품을 사먹는 소비자다. 소비자는 생산자에게 치른 대가에 부합하는 품질을 원한다. 제조물책임자법, 소위 P/L법이 시행되고 있을 정도로, 제품의 안전은 식품뿐만 아니라 모든 제조물에서 기본이다. 이 법의 적용대상은 제조물로 한정되지만, 보호되는 안전의 범위는 매우 넓다. 건강에 심각한 위해가 발생한 경우는 물론 아주 사소한 것까지 포함한다. 통조림을 먹고 식중독에 걸렸을 때는 물론, 통조림을 딸 때 손을 베어도 제조물 결함이면 책임을 물을 수 있다. 그 피해의 정도가 작아도 소비자 주권이라는 시각에서 인정하고 있다.

상품의 안전에 대해 높은 기대감과 주권의식을 갖고 있는 우리 소비자들에게 건강을 해칠지도 모른다는 가능성은 그 자체가 소비자 권리를 위협하는 심각한 문제다. 집에서 조리한 음식에서 머리카락 나왔다고 타박하면 주부들이 화낸다. 그럴 수도 있지 않느냐고? 하지만, 통조림이나 음식점에서 머리카락이 나오면 주부들은 그냥 웃어넘기지 않는다. 내가 해먹는 경우와 돈을 주고 사먹는 소비자는 분명 다르다.[16] 소비자가 이성이 아닌 감성으로 상품을 구매한다는 것도 식품 문제에 민감한 요인 중 하나다.

이런 소비자를 대상으로 이성적으로만 식품문제를 해결하려고 하면 답을 찾

---

16) "고전경제학에서는 소비자들이 이성적으로 판단하고 소비한다는 점을 전제로 했지만, 점차 감성구매가 늘어나고 있다. 인간의 소비활동 중 많은 부분이 이성적 판단보다 무의식적 정서에 의해서 일어난다."(고려대 뉴로마케팅 전공 성영신 교수, 조선일보, 2008.5.7)

을 수 없다.

3) 음식은 가장 오래된 문화

과거 배고플 때는 사실 식품안전에 대해 별로 고민할 필요가 없었다. 조금 상했더라도 안 먹고 굶는 것보다는 먹는 것이 생존에 훨씬 도움이 되었다. 아직도 식수가 부족한 아프리카에서는 중금속에 오염된 물인 줄 알면서도 먹는 경우가 있다고 한다. 그 물을 먹지 않으면 지금 죽지만, 그 물이라도 먹으면 10년은 살 수 있기 때문이다.

지금은 다르다. 이 식품이 문제라면 다른 식품을 사먹을 수 있다. 방송에서 만두에 문제가 있다는 보도가 나오면 아무래도 그건 피하게 된다. 문제는 여기에 있다.

식품안전 문제가 이슈화 될 때마다 이런 고민을 하루에 3번씩 해야 한다. 설령 논란이 되는 그 식품을 먹더라도 찜찜한 게 인지상정이다. 계속 스트레스가 쌓일 수밖에 없다. 특히, 집에서 애들이 좋아하는 식품이라면 더 심각하다. 엄마가 직접 해주는 수밖에 없다. 2006년 대형 학교급식 사고가 났을 때, 사회적으로 큰 스트레스가 되었던 것은 비단 식중독 환자가 3천명이었기 때문만이 아니다. 이로 인해 급식이 중단되면서 9만여 명의 학생과 이들의 학부모가 도시락을 싸야했기 때문이다.

우리나라에서 광우병이 발생한다면 어떤 문제가 생길까? 많은 분들은 국민건강에 미칠 영향을 우려한다. 우리 축산업의 앞날을 걱정하는 분들도 있다. 분명 국민건강의 문제다. 하지만, 광우병 발생 이후 전 세계적으로 죽은 사람은 2백여 명 정도다. 영국도 새로운 위험에 대응하면서 자국산 쇠고기를 먹고 있다. 영국 축산업도 재기하는 상황에서 우리 축산업만 재기불능에 빠질 것 같지는 않다.

필자가 생각할 때, 가장 우려스러운 점은 우리 문화의 파괴다. 일단 우리나라에서 광우병이 발생하면, 광우병특정위험물질(SRM)은 먹을 수 없다. 문제는 우리가 즐겨먹는 소머리, 척추, 내장 등에 이 위험물질이 포함되어 있다는 점이다. 이제 더 이상 소머리 국밥은 못 먹는다. 사골국도 내장탕도 마찬가지다. 술꾼들이 좋아하는 곱창도 못 먹는다. 정 먹으려면 광우병이 발생 안 한 호주에서 수입해서 만들어야 한다. 그런데 역시 그 맛이 안 난다. 결국 우리의 음식문화 일부가 조용히 사라질 것이다.

음식이 우리에게 미치는 영향은 너무나 크다. 〈누들 - 세계의 식탁을 점령한 음식의 문화〉, 〈식품전쟁 - 음식 그리고 문화와 시장을 둘러싼 세계대전〉, 〈음식을 바꾼 문화 세계를 바꾼 음식〉, 〈식품전쟁 문화전쟁〉. 지금 서점에서 팔리고 있는 음식과 문화에 관한 책의 제목들이다.

"음식은 우리가 알아야 하는 모든 것에 대해 말해준다. 우리 모두의 삶을 유지 하는데 음식보다 기본적인 것은 없다. 또 문화와 문명, 관습과 공예, 종교, 제도 를 보존하는데 가족보다 중요한 것은 없다. 그래서 가족이 모여 같이 음식을 먹 는 시간은 단지 연료를 충전하는 시간일 뿐 아니라 사회의 기초를 다지는 시간이기도 하다." -앨프리드 크로스비〈헝그리 플레닛〉에서

4) 삶의 질 향상에 대한 기대

1960년대만 하더라도 굶지 않는 것이 당면과제였다. 몸에 좋은 음식을 먹는 것은 먼 나라 이야기였다. 지금도 하루 먹을거리 구하기가 어려운 분들이 아직 있지만, 대부분의 국민들은 굶는 것을 걱정하지는 않는다. 이제는 몸에 좋은 음식을 먹으려고 한다.

이렇게 건강에 좋은 식품을 찾는 것은 비단 특정계층만의 현상은 아니다. 이

미 일반 서민층까지 광범위하게 퍼져있다. 요즘에는 '슈퍼푸드'를 먹는 것이 하나의 트랜드라고 한다. 콩, 블루베리, 브로콜리, 귀리, 오렌지, 호박, 연어, 간장, 시금치, 차, 토마토, 칠면조, 호두, 요구르트 등 14가지 기초식품을 잘 먹으면 건강도 좋아지고 미용관리도 할 수 있다고 한다. LOHAS(lifestyle for health and sustainability)라고 해서 건강과 지속가능한 발전을 지향하는 라이프스타일도 요즘 인기다.

이렇게 건강에 관심이 많은 사람들에게 미미하지만 해가 될 가능성이 있다는 식품은 당연히 기피대상이다. 건강에 더 이로운 식품만 골라 먹기에도 바쁜데, 해가 되는 식품을 먹는 것은 공들여 쌓은 탑을 다 무너뜨리는 일이다. 이런 분들은 일단 항생제나 산란촉진제를 쓰지 않은 달걀과 닭고기를 먹으려고 한다. 야채도 유기농을 먹으려 한다.

이런 현상은 일부 상류층만이 아니고 생활비가 빠듯한 서민층에서도 나타난다. 특히 자녀에 대한 관심이 많을수록 심화된다. 나야 상관없지만 우리 애들에게는 조금이라도 해가 될지 모르는 것은 먹이고 싶지 않다는 생각에서다.

5) 불확실에 대한 공포

사람들은 모두 새로운 것에 대한 두려움이 있다. 그런 두려움에 익숙해지려면 상당한 시간이 필요하다.

미국에서 9·11 테러가 발생한 이후, 미국 사람들이 느낀 테러에 대한 공포감이나 삶에서의 불편은 매우 컸다고 한다. 종종 잘못된 경고가 나올 때마다 내가 테러의 희생양이 될지 모른다는 불안감에 휩싸였으며, 공항에서의 검색 강화로 엄청난 시간과 비용을 치러야 했다. 미국과 싸울 군사력이 없는 알카에다에게 가장 효과적인 전쟁방법은 인간의 공포감을 극대화할 수 있는 테러였다.

식품안전도 많은 측면에서 비슷하다. 실제 건강상 위험보다는 내가 지금 먹고 있는 것으로 인해 그런 불운이 내게 닥칠지 모른다는 불안감이다. 그런 불안감은 먹을거리에 대한 인간의 본능과도 밀접하게 연계되어 있다.

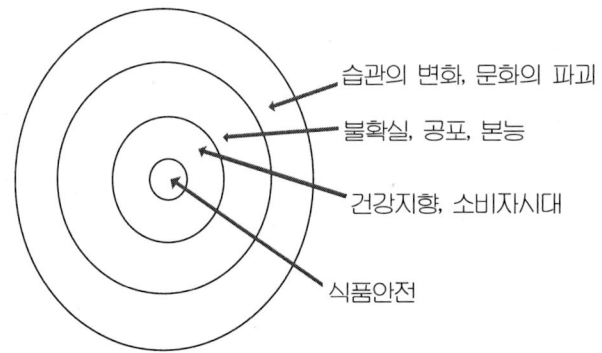

잊어버릴 만하면 식품안전에 문제가 있다, 이번에 검사를 했더니 잔류농약이 초과된 농산물이 다수 적발되었다는 뉴스가 들려온다. 유전자재조합식품에 대해서 반대한다는 단체들의 이야기도 계속 들려온다. 미국에서 얼마 전 광우병 걸린 소가 나왔다고 하는데 다시 수입한다고 한다. 중국에서는 상상을 초월한 가짜 식품들이 등장한다고 한다. 공업용 원료로 계란도 만들고 쇠고기도 만들고 식용유도 만든다. 주위에서는 내가 오늘 아침에 사온 1천 원짜리 김밥은 중국산 찐쌀로 만든 거라고 한다. 그렇지 않고서는 도저히 가격을 맞출 수 없단다. 중국산 찐쌀에는 이산화황을 친다는데, 내일도 사먹어도 되는지 고민이 된다. 그렇다고 정부가 믿을만하지도 않다. 문제가 된 식품에 대해 회수를 한다는 게 오래전 이야기인데 아직도 발견된다고 한다. 정부기관에서 문제없다고 발표했는데, 다른 전문가들은 그게 아니라고 한다. 정부 발표는 항상 뭐든지 문제없다는 식이고, 내가 궁금해 하는 것은 알려주지 않는 것 같다. 언제 내가 그런 위해식품을 사먹게 될지 모른다. 나는 둘째 치고 우리 애들은 안 먹여야 한다는 걱

정이 앞선다. 정작 이들 식품을 먹고 몸에 탈이 난 경우는 드물다. 말 그대로 불확실에 대한 공포감이다. 뭔가 문제가 있다는 확증도 없지만, 그렇다고 안전하다는 보장도 없다.

나. 용어의 잘못된 사용

우리는 생존을 위해 본능적으로 식품에 대해 강하게 집착한다. 소비자 주권 시대에 음식은 가장 오래된 문화로서 삶의 질 향상을 기대하는 우리에게 매우 특별한 의미가 있다. 이렇게 중요한 식품의 안전성에 대한 논란이 생기면, 그 가능성만으로도 우리는 공포감을 느낀다. 이러한 요인들과 함께, 우리의 불안을 키우는 또 한 가지 요인이 있다.

우리는 식품안전이라는 용어를 너무 확대해석해 사용한다. 국민건강과 무관한 소비자 보호의 문제임에도, 논란이 생기는 식품 문제를 모두 식품안전의 문제라고 이야기한다. 그렇다보니 식품의 안전성뿐만 아니라 소비자의 경제적 이익과 관련된 문제도 모두 식품안전 문제가 되어버린다. 당연히 소비자들은 "식품안전 불안하다"는 메시지에 필요 이상으로 더 많이 노출되고, 그러한 노출은 불안감을 확대시키는 작용을 한다.

최근 논란이 많았던 이물의 경우, 칼날조각은 자칫 생명에 위협이 될 수도 있지만, 머리카락은 건강에 아무런 영향을 미치지 않는다. 원산지 표시도 그 취지는 어떤 식품이 더 안전하다는 것을 알려주기 위함이 아니다. 말 그대로 어디에서 생산되었는지를 알려주는 표시다. 같은 포도주라도 프랑스산, 칠레산, 호주산에 대한 소비자들의 기호가 다르고 가격도 다르니 충분한 정보를 주자는 취지에서 마련된 제도다. 그런데 이 표시제를 중국산과 연계시키다보니 이제 원산지 표시는 안전의 문제로 해석한다.

유기식품 표시도 마찬가지다. 유기식품 표시는 비료나 항생제 등을 사용하지 않아 환경을 보존하는데 더 바람직하다는 취지에서 도입된 제도다. 그런데 우리 소비자들이 농약 사용을 우려해서 유기식품을 사먹는다고, 모든 유기식품 표시제를 안전문제로 연계시킨다. 가짜 유기식품도 농약이 기준치 이상 검출되지 않으면 안전한 식품이다. 다만, 소비자가 더 높은 가격을 치렀기 때문에 금전적으로 손해를 보는 것이다. 식품안전의 문제가 아니라 공정거래, 소비자보호의 문제다. 이렇게 식품안전이라는 용어가 무분별하게 사용되는 이유는 그 정확한 의미가 소비자는 물론 소위 식품전문가들에게조차 제대로 전달되지 않았기 때문이다. 그렇다면 식품안전, 식품위생의 정확한 의미는 무엇일까?

1) 식품위생의 정의

우선, 세간에 사용되는 용어의 사용방식을 먼저 알아보자. 첫 번째는 위생을 청결로 인식하는 경우다. 이 논리에 따르면, 청결이 강조되는 경우는 식품위생을, 청결이 아닌 경우는 식품안전이라는 용어를 사용해야 한다. 식중독은 청결과 관련되니 식품위생이고, 잔류농약은 청결과 상관없으니 식품위생이 아니라 식품안전이다. 그렇다보니 식품안전과 식품위생은 그림에서처럼 대등한 관계가 된다.

두 번째는 식품안전을 식품위생의 확대된 개념으로 인식하는 경우다. 일본 민주당은 식품안전기본법 제정을 논의하면서 "현재 법제도는 표시나 규격과 같이 안전과 직결되지는 않지만 소비자를 안심시키기 위해 필요한 것들을 식품안전에서 제외하고 있다. 앞으로는 식품안전을 '식품위생'의 개념으로 한정하지 말고 생산자와 소비자가 상호 신뢰를 쌓는데 필요한 제도도 포함시켜야 한다."고 주장[17]하였다.

---

17) http://www.dpj.or.jp/seisaku/kankyo/BOX_KA0056.html

이 말만 놓고 보면, 식품안전은 식품위생보다 더 큰 개념으로 소비자의 안심과 관련된 것들이 모두 포함된다. 우리나라에서도 많은 분들이 이런 논리에 입각해 식품안전이라는 용어를 사용한다. 어떤 주장이 맞는 것일까? 식품안전과 식품위생은 대등한 개념일까? 아니면 식품위생은 식품안전에 포함되는 개념일까? 정답은 둘 다 아니다. 식품안전은 식품 적합성과 함께 식품위생의 목표 중 하나이기 때문이다. 식품의 국제규격을 제정하는 Codex[18)]에서는 식품위생(Food hygiene)을 "식품의 생산·유통·소비 모든 단계에서 식품의 안전성 및 적합성을 확보하기 위한 모든 조건 및 수단[19)]"으로 정의한다. 식품위생은 식품안전을 확보하기 위한 수단이지 그 자체가 어떤 가치는 아니다. 위생은 행위를 의미하지 어떤 가치가 아니라는 것은 국어사전에도 명확히 나와 있다. 국어사전에서 위생(衛生)은 "건강에 유익하도록 조건을 갖추거나 대책을 세우는 일"로 정의된다.

---

18) 정식명칭은 Codex Alimentarius Commission으로 식품기준을 정하는 국제기구이다. 세계보건기구(WHO)와 국제농업식량기구(FAO)가 공동으로 운영하고 있으며, 여기서 설정된 안전기준은 세계무역기구(WTO)의 분쟁 조정 시 국제기준으로서의 효력을 가진다.

19) All conditions and measures necessary to ensure the safety and suitability of food at all stages of the food chain(출처 : Codex Recommended International Code of practice General Principles of Food Hygiene)

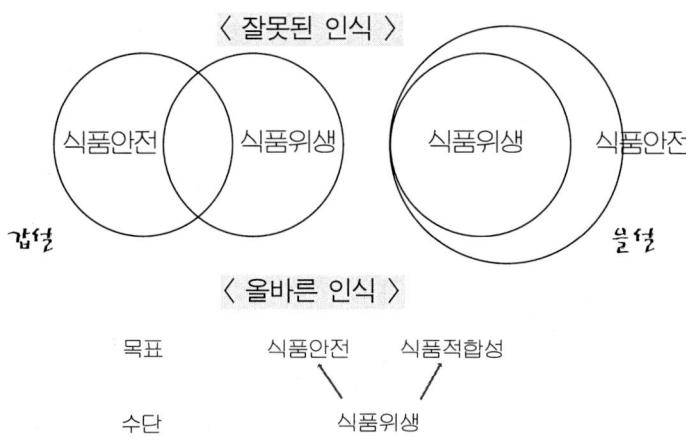

〈그림〉 식품안전과 식품위생간 관계

2) 식품의 안전과 적합성

식품위생이 지향한다는 식품안전과 식품 적합성은 무엇일까? Codex에서는 식품안전(food safety)은 "식품을 의도된 목적에 따라 조리하거나 먹었을 때 소비자가 해를 입지 않는 것"[20]으로 정의하고 있다. 식품 적합성(Food suitability)은 "식품을 의도된 목적에 따라 사람이 섭취하기에 적합하다는 것"[21]으로 정의된다. 식품안전 관련 사항에는 오염물질의 상한치나 유전자재조합식품의 사용 금지가 포함된다.[22]

생산자 표시, 알레르기 경고문구, 사용기한도 포함된다. 영유아들에게 올바른 영양공급이 이루어지지 않으면 건강에 문제가 생길 수 있다는 취지에서 영

---

[20] Assurance that food will not cause harm to the consumer when it is prepared and/or eaten according to its intended use(출처 : Codex(Recommended International Code of practice General Principles of Food Hygiene)
[21] Assurance that food is acceptable for human consumption according to its intended use(출처 : Codex Recommended International Code of practice General Principles of Food Hygiene)
[22] www.nzfsa.govt.nz/publications/fourdegreesc/spring-2006/4dcspring06inside.pdf

유아식품의 영양성분도 여기에 포함된다.

식품 적합성 관련 사항으로는 원료의 표시나 영유아식품 이외의 영양성분표시, 그 밖에 제품 판촉을 위한 표시·광고를 들 수 있다. 소비자들이 속는 것을 방지하기 위해 초콜릿 등 주요 제품의 최소 성분함량을 정하고 있는 것도 여기에 포함 된다.[23] 품질 보존기간이 길어 안전문제가 없는 식품에 부여하는 최적기한도 여기 포함 된다.[24] 한마디로 건강과는 무관하지만 소비자들이 기대하는 사항들이다.

식 품 안 전	식품으로의 적합성
생산번호(batch code), 공급자 이름과 주소 식품 알러지 등에 대한 경고문구 사용기한(used by date) 건강과 안전에 영향을 주는 사용방법과 보관방법	원료표시 최적기한(best before) 주원료 함량 영양표시와 건강강조표시 제품 판촉을 위한 표시와 광고(공정거래 포함)
오염물질 및 독성물질 상한치 미생물 상한치 식품첨가물, 비타민과 미네랄 최대허용기준 유전자재조합식품, 약초 등의 사용금지 영유아식품의 영양성분	초콜릿, 버터, 아이스크림, 주류 등에 대한 최소 성분 함량 기준

과거에는 식품위생의 목적으로 식품으로서의 적합성 대신 건전성(soundness)과 완전성(wholesomeness)이라는 용어를 사용하였다. 여기서 건전성은 식용으로 적합하다는 것을, 완전성은 영양학적으로 완전하다는 것을 의미한다. 이와 같이 건전성이나 완전성 대신 적합성이라는 개념을 사용하게 된 패

23) 초콜릿을 단순한 기호식품 중 하나로 인식하는 우리와 달리 유럽에서는 고품질 전통식품 비슷하게 인식하고 있다. 따라서 카카오함량은 품질을 나타내는 매우 중요한 척도다.

24) 유통기한이라는 하나의 제도로 운영해온 우리와 달리 영국에서는 통상 품질변화 시점을 기준으로 3개월 이전 제품에는 사용기한(used by date)을 3개월 이상의 제품에는 최적기한(best before) 제도를 적용하고 있다. 예를 들어 스낵은 3~4개월 지나 산패가 되었다고 당장 건강에 큰 해를 끼치지는 않는다. 최근에는 우리나라도 이런 취지의 제도를 도입·시행하고 있다.

러다임의 변화는 유럽공동체(EC)와 WTO라는 단일시장(single market) 체제를 통해 만들어졌다. 당초 EU 회원국들은 식품에 대해 문화까지 반영된 엄격한 기준을 운영하고 있었다. 예를 들어, 독일의 경우 맥주 생산에 첨가물을 엄격히 제한하였다. 그런데 이런 기준은 국가 간 상품의 이동을 저해하는 심각한 장애물로 작용했다. 그래서 고안된 논리가 국민건강과 관련된 안전은 국가가 기준을 정해 엄격히 관리하되, 그렇지 않은 것들은 최대한 표시를 통해 시장에서 소비자들이 선택하도록 하자는 것이다.

3) 식품위생의 범위

식품안전 및 식품적합성과 관련되는 모든 기준이나 규제를 식품위생이라고 할 수 있을까? 정의만 놓고 보면 그렇게 해석할 수도 있다. 하지만, 실제 EU나 Codex에서 사용하는 사례를 보면 식품위생의 범위가 그렇게 넓지는 않다.

EU에서 발간한 〈식품위생과 안전〉이라는 홍보자료[25]를 보면, 영업자나 식품규제기관의 책임, 이력추적제와 함께 위해요소중점관리기준(HACCP), 일반적인 위생관리, 식품업소의 등록을 다루고 있다. 미생물 기준도 여기에서 중요한 주제로 다루고 있다. 하지만 농약의 사용 및 잔류기준, 식품첨가물 기준에 대한 언급은 없다.

이러한 접근은 Codex에서도 마찬가지다. 현재 Codex에서 운영하고 있는 분과위원회와 T/F는 총 27개다. 이중에는 '식품위생분과위원회'이라는 분과위원회가 있으며, 이 위원회는 HACCP나 미생물 기준을 담당하고 있다. 반면 농약 등 화학물질 기준에는 관여하지 않는다.

---

25) http://ec.europa.eu/food/food/biosafety/hygienelegislation/dvd/index.html

이러한 서구 선진국의 관행이 탄생하게 된 배경은 과거 영국정부의 사례를 통해 추정해볼 수 있다. 영국의 경우, 90년대 말 식품안전기능을 통합하기 전까지는 식품 업소에 대한 영업 관리나 미생물기준은 보건부 소관이었다. 한마디로 질병인 식중독을 관리하는데 필요한 기준이나 정책수단들은 보건부에서 담당하였다. 반면 농약이나 동물용의약품과 같이 당장 질병이 발생하지 않는 일은 농업부에서 담당하였다. 현재 위생업무라고 하는 것들은 정확히 당시 보건부 소관 업무와 일치한다.

식품위생을 식중독균과 연계시키는 이러한 접근은 식품위생이 청결이라는 오해를 탄생시킨 큰 원인으로 보인다.

4) 식품규제과 식품법

식품위생이라는 용어가 제한적인 의미를 갖고 사용되는 상황에서, 식품의 안전성과 적합성을 달성하기 위한 수단과 방법을 모두 포괄하는 용어는 없을까? 우선, 생각해볼 수 있는 용어는 식품기준(food standards)이다. 식품기준은 말 그대로 식품과 관련된 기준으로 여기에는 미생물기준은 물론 농약 등 화학물질의 기준이 포함된다. 또한 영양표시나 제품규격과 같이 소비자의 알권리 차원에서 운영되는 기준, 소위 식품으로서의 적합성에 부합하는 기준도 포함된다.

식품기준이 이렇게 식품안전의 범위를 넘어서는 개념이다 보니 영국이나 호주에서는 이 용어를 자주 쓴다. 예를 들어 우리의 식약청에 해당하는 기관의 명칭이 영국은 식품기준기구(food standards agency), 호주는 호주·뉴질랜드식품기준기구(Food Standards Australia New Zealand)이다. 하지만 식품기준은 말 그대로 식품 관련 기준이라 영업 관리와 같은 일반적인 행정 개념은 포함되지 않는다. 실제로 영국이나 호주의 기관들은 영업 관리와 같은 일상 행정업무보다

식품관련 기준에 주력하고 있다.[26]

식품법(food law)도 유럽연합(EU)에서는 많이 사용하는 용어다. EU에서는 식품법[27]을 "일반적으로 식품, 특히 식품안전을 관할하는 법규와 행정규정으로 식품의 생산단계부터, 가공·유통은 물론 사료의 생산과 소비도 포함된다."고 규정하고 있다. 이 용어에 식품안전 및 식품적합성이라는 의미가 모두 포함되기는 하지만, 우리나라에 직접 적용하기에는 다소 무리가 있다. EU의 경우, 이미 식품산업이 완숙기에 접어들어 정부가 산업육성을 굳이 법률로 추진할 필요가 없지만, 우리는 2007년 제정된 식품산업진흥법의 사례에서도 알 수 있듯이 정부가 식품산업 육성에 깊숙이 개입하고 있다.

식품기준과 식품법의 문제점들을 모두 해결하는 용어가 식품규제[28]다. 식품규제는 말 그대로 식품과 관련해서 국민의 권리를 제한하거나 의무를 부과하는 사항을 말한다. 소위 사람들이 말하는 식품안전이나 식품으로서의 적합성, 소비자의 알권리와 같은 문제를 해결하는 모든 제도적 장치를 포함한다. 식품규제라는 용어가 우리에게는 낯설지만 선진국에서는, 특히 학계를 중심으로 매우 보편적으로 사용되고 있다. 영어로는 food regulation이라고 하며 정책이나 기관을 칭할 때는 food regulatory policy, food regulatory body라고 불린다.

호주의 경우, 호주·뉴질랜드식품기준기구를 설치하는 법률에 식품규제(food regulatory measures)의 목적을 "(1) 공공건강 및 안전의 보호, (2) 소비자가

---

26) 두 기관 모두 영업 관리와 같은 집행 업무는 거의 하지 않는다.
27) Laws, regulations and administrative provisions governing food in general, and food safety in particular, whether at Community or national level; it covers any stage of production, processing and distribution of food, and also of feed produced for, or fed to, food producing animals
28) 행정규제기본법에서는 행정규제를 "국가 또는 지방자치단체가 특정한 행정목적을 실현하기 위하여 국민(국내법을 적용받는 외국인을 포함한다)의 권리를 제한하거나 의무를 부과하는 것으로서 법령 또는 조례·규칙에 규정되는 사항"으로 정의하고 있다.

알고 선택할 수 있도록 충분한 정보의 제공, (3) 속이는 행위 예방"[29)]이라고 규정할 정도다.

다. 절대적 식품안전은 불가능

1) 다양한 식품안전 수준

우리는 어느 정도 수준의 식품안전을 지향하고 있을까? 식품위생법 제4조에서는 건강을 해하거나 해할 우려가 있는 경우에 판매를 금지하도록 하고 있다. 다만, 식약청장이 건강에 해롭지 않다고 인정하는 것은 예외로 인정된다. 구체적으로 어떤 기준에 따라 식약청장이 예외를 인정하는지에 대해서는 별다른 언급이 없다.[30)] GMO를 둘러싼 논쟁, EU의 신종식품(novel food) 제도, Codex의 위해성평가지침에서 언급한 내용 등을 감안할 때, 식품의 안전수준은 대략 다음과 같이 구분할 수 있다.

첫 번째, 절대적 안전(absolute safety)이다. 지금은 물론 앞으로도 식품섭취로 인해 건강에 나쁜 영향이 발생하지 않는 경우이다. 쌀밥과 같이 대개 전통적으로 먹어온 식품들이 이런 범주에 속한다. 식품 자체가 완전해서일수도 있지만 그 지역에 사는 사람들이 그 식품에 익숙해졌기 때문일 수도 있다. 그렇다보니

---

29) The objectives (in descending priority order) of the Authority in developing or reviewing food regulatory measures and variations of food regulatory measures are: (a) the protection of public health and safety; and (b) the provision of adequate information relating to food to enable consumers to make informed choices; and (c) the prevention of misleading or deceptive conduct.(출처 : Food Standards Australia New Zealand Act 1991)

30) 이 규정에 따라 조금이라도 건강에 해가 있는 것은 판매할 수 없다고 해석할 수 있다. 하지만 실제 식약청에서 식품안전기준을 설정할 때는 분명히 예외를 두고 있다. 예를 들어 땅콩 또는 견과류 함유식품의 경우, 아플라톡신 B1의 함량 기준이 10μg/kg으로 정해져 있다. 아플라톡신 B1은 발암물질이라 2μg/kg라고 해서 건강에 해가 없다고 할 수는 없다.

한 지역에서는 안전한 식품이 다른 지역으로 가면 독성을 발휘할 수도 있다.[31]

두 번째, 과학적 안전(scientific safety)으로 현대 과학수준에서 볼 때 건강에 해가 없다고 확인된 물질만 사용하도록 하는 경우이다. 주로 농약이나 식품첨가물과 같이 식품의 생산이나 가공 과정에서 의도적으로 첨가하는 물질을 관리하는데 적용된다.

Codex에서는 비유전 독성 발암물질(non-genotoxic carcinogen)[32]의 경우, 동물실험에서 문제가 없는 최대한도인 NOEL(무관찰영향수준, No Observed Effect Level)에 동물과 사람의 차이 등을 감안하기 위한 안전계수(safety factor) 100을 곱해 1일 섭취량(ADI, Acceptable Daily Intake)을 정한다.

세 번째, 사전 예방적 안전(precautionary safety)으로 지금까지 과학적으로 위해하다는 증거가 나오지는 않았지만, 아직 충분한 연구나 검토가 이루어지지 않았다고 판단해서 일시적으로 판매 등을 제한하는 경우이다.

네 번째, 현실적 안전(practical safety)으로, 과학적으로 위해한 것이 확인되었음에도 현실적으로 그 위험을 완전히 제거하기 어려워 용인하는 경우다. 주로 오염물질과 같이 식품의 생산이나 가공과정에서 사용할 의도가 없는 경우에 적용한다. 다섯 번째, 경제적 안전(economic safety)으로, 발생 가능성이 일정 수준 이하인 경우에는 그 위험이 무시할만하므로 무조건 금지하기보다 경제성을 따져 허용하자는 주장[33]이다. 여기에서는 무시할 수 있는 중요하지 않은 위험(negligible or insignificant risk)이라는 개념이 도입된다. 이러한 접근은 미국에서 시도되었으며, 현재 농약에 대해 허용되고 있다. 무시할만한 위험은 평생 동안

---

31) 이런 측면에서 볼 때, 신토불이(身土不二)라는 용어가 우리 농산물을 보호하자는 단순한 구호만은 아니다. 과학적으로도 상당한 근거가 있는 이야기다.
32) 비유전 독성 발암물질은 체세포(somatic cell)의 돌연변이를 직접 일으키는 유전독성발암물질과 달리, 직접 돌연변이를 일으키지는 않지만 암 발생 과정 후기에 작용하는 물질이다.
33) http://www.cnie.org/NLE/CRSreports/Pesticides/pest-1.cfm 및 식품법(김명철, 교문사, 2007)

발생할 확률이 1백만분의 1 이하인 경우다.[34]

2) 통상적 식품안전 목표

식품안전의 수준이 다섯 가지라고 해서 항상 하나만 식품안전의 목표로 사용되는 것은 아니다. 위해물질의 종류는 물론 경제적 요인, 심지어 정치나 문화적 요인에 따라 목표로 하는 식품안전 수준이 달라진다.

절대적 안전은 가장 이상적인 식품안전의 목표다. 하지만 우리가 아주 오랫동안 섭취해온 경우가 아니라면 절대적인 안전을 과학적으로 확인하는 것은 매우 어렵다. 따라서 실제로 적용되는 경우는 매우 제한적이다. 다만, 이 개념은 우리가 먹어온 경험이 없거나 과학기술로 새롭게 개발된 식품의 안전성을 평가하는데 중요한 잣대로 활용된다.

GMO와 같이 새로운 과학기술이 적용된 식품의 경우, 기존 식품과 비교를 통해 안전성 평가를 거친다. 평가 대상 GMO를 (1)기존 식품과 성분이 동일한 경우, (2)일부 성분이 약간 다른 경우, (3)상당히 다른 경우로 구분하고, 그 차이가 클수록 더 까다로운 안전성 평가를 실시한다.

과학적 안전은 실제 가장 널리 사용하고 있는 식품안전 목표이다. 식품첨가물, 잔류농약 등 위해물질의 안전성 평가에 사용된다. 다만 이 경우도 그 안전성이 100% 보장되지는 않는다. 위험물질에 대한 감수성이 높은 사람에게는 위해가 발생할 가능성이 있고, 사람에 대한 실험이 아니라 그 안전성을 100% 확신할

---

[34] 1958년 들레이니(delaney) 의원은 발암성이 있는 첨가물은 가공식품에 첨가할 수 없다는 규정을 입법화하였다. 이에 따라 식품첨가물, 착색료, 농약, 수의약품의 경우 발암성이 있는 모든 물질을 가공식품에 첨가하는 것이 금지되었다. 다만, 농약에 대해서는 1996년 이 규정의 적용을 예외로 하는 법률을 제정하였다. 이에 따라 발암성 농약이라도 정량적위해성평가(quantitative risk assessment)를 거쳐 그 위험이 100만 명 중 1명 1이하로 발생할 가능성이 있다면 허용된다.

수 없다.35) 과학적 평가의 불완전성도 존재한다. 모든 과학적 사실이 완벽하게 확인된 상태에서 판단하는 것이 아니기 때문에, 다수의 과학자들이 동의하는 결론, 소위 주류학설에 의존할 수밖에 없다. 대부분의 사람들이 동의하는 학설이 사실로 확인되는 경우가 많기는 하지만, 항상 그런 것은 아니다.

사전 예방적 안전은 기술이나 물질이 새로운 방식으로 개발되어 기존 안전성 평가체계를 적용할 수 없는 경우에 사용된다. 과학적 안전은 오랫동안 평가를 해왔기 때문에 나름 평가체계에 대한 합의가 있다는 점에서 사전 예방적 안전과 다르다. 미국에서 EU로 GMO를 수출하려고 할 때, EU에서는 사전예방원칙을 이유로 안전성 평가와 상관없이 수입을 제한한 바 있다.

사전예방의 원칙은 WTO에서도 허용하고 있다. 다만, 합리적인 기간 내에 추가적인 자료를 바탕으로 위해성 평가를 할 것을 요구하고 있다. 따라서 무한정 사전예방의 원칙을 내세우며 금지해서는 안 된다. EU도 지금은 안전성 평가를 거쳐 GMO의 수입을 허용하고 있다.

현실적 안전은 말 그대로 현실을 반영한 식품안전 목표다. 위험하다는 것을 알면서도 현실적으로 완전히 회피하기 어렵다는 이유에서 채택된다. 이렇게 하는 이유는 크게 두 가지다.

첫째, 경제적인 이유로 현실적 안전을 선택한다. 예를 들어 곡물의 경우 습한 곳에서 오래 보관하면 곰팡이에 의해 아플라톡신(aflatoxin)이 생성 된다.36) 이 물질은 유전독성을 가진 발암물질로 아주 소량의 경우에도 암을 유발하기 때문에 허용치를 설정할 수 없다. 하지만 현실적으로 아플라톡신이 나온 모든 곡물

---

35) Codex에서도 앞서 설명한 것처럼 NOEL에 안전계수 100을 곱하더라도 모든 사람들에게 절대적 안전(absolute safety)을 보장할 수 없다는 점을 인정하고 있다.(출처 : Application of risk analysis to food standards issues)
36) Codex 지침서(application of risk analysis to food standards issues), 9p

을 폐기하게 되면 물량 부족에 따른 식품가격 상승을 초래해 소비자가 경제적 피해를 보는 상황이 발생할 수 있다. 이런 경우에는 과도한 경제적 부담을 초래하지 않으면서 건강상 피해를 최소화할 수 있는 관리 기준을 설정하게 된다. 이러한 기준치를 전문용어로 ALARA(합리적으로 달성할 수 있는 최소량, as low as reasonably achievable)라고 한다.

둘째, 문화적인 이유로 현실적 안전을 선택한다. 예를 들어 일본, 미국과 같은 선진국은 물론 필리핀 등 개발도상국가에서는 길거리음식, 소위 포장마차가 법적으로 허용된다. 위생관리 측면에서 보면, 식중독 위험이 상대적으로 높아 허용하지 말아야 하지만 길거리음식 자체가 사람들이 살아가는 하나의 문화이기 때문에 무조건 없애기보다 그 위험을 관리하려고 한다.

경제적 안전은 불가피한 선택이 아니라 경제성을 감안한 의도적 선택이라는 점에서 다른 안전 목표와는 본질적으로 다르다. 여기서 말하는 경제성은 소비자가 감당할 수 있느냐 보다는 주로 기업에게 얼마나 도움이 되는지 여부이다. 물론 그로인해 소비자들에게 더 낮은 가격의 식품을 제공할 수 있다는 것을 명분으로 제시한다. 필자가 알기로는 미국 이외에 경제적 안전을 시도하는 나라는 아직 없는 것으로 보인다.

3) 우리의 식품안전 목표

우리가 생각하는 식품안전 목표 수준은 어느 정도일까? 가장 기초적인 질문임에도 가장 대답하기 어려운 질문이다. 사회적으로 이에 대한 변변한 논의도 없었고, 식품전문가들 사이에서도 의견이 분분하다. 식품에서 발견된 이물에 대한 우리 사회의 민감한 반응도 상호 공감할 수 있는 식품안전 목표가 설정되어 있지 못하기 때문이다. 몇 가지 사례를 살펴볼 때, 우리나라의 식품안전 목표는 다음과 같은 특성이 있다고 볼 수 있다.

첫째, 기본적으로 우리나라는 EU보다는 낮지만 미국이나 일본보다는 높은 안전수준을 목표로 한다. 대표적인 사례가 GMO 표시제다. GMO가 들어간 식품에는 표시를 해야 한다. 다만, 의도적으로 들어간 것이 아니고 그 양이 작을 때는 표시대상에서 제외하도록 하고 있다. 이때 GMO의 혼입을 얼마까지 허용할 것인지를 정한 것이 비의도적혼입치다. EU는 0.9%로 전 세계에서 가장 엄격하다. GMO 승인과정에서도 사전 예방적 안전관리를 내세우며 한동안 안전성 평가 자체를 거부하기도 했다. 일본은 5%를 비의도적 혼입치로 정하고 있다. GMO 안전성 평가 도입시에도 EU와 같은 정치적 혼선은 별로 없었다. 미국은 EU나 일본과 달리 일반 농산물과 GMO를 구분하지 않는다. 따라서 GMO 표시제도 없고 비의도적 혼입치라는 개념도 없다. 우리나라는 GMO의 비의도적 혼입치가 3%로 미국(N/A), 일본(5%)보다는 낮고 EU(0.9%)보다는 높다.[37]

둘째, 현실보다는 이상적인 식품안전 목표를 선호한다. 앞서 설명한 것처럼, '현실적 안전'에서는 경제적이거나 문화적인 특수성을 감안해 과학적으로 위험하다는 것을 알면서도 이를 허용한다. 선진국들은 모두 현실적인 한계를 인정한다. 반면 우리는 이런 현실적 한계를 잘 인정하지 않는 경향이 있다. 이는 일부 편향된 소비자단체를 넘어 정부의 의사결정에서도 확인된다.

우리나라에서는 포장마차가 법적으로 허용되지 않는다. 아마도 이런 제도를 운영하는 전 세계에서 유일한 국가가 아닐까 싶다. 선진국들은 이를 양성화하

---

37) 가공식품의 경우, GMO를 원료로 사용했다고 해서 모두 표시하는 것은 아니다. 우리나라는 5번째(일본은 3번째)로 많이 사용한 원료에 한하여 GMO 사용 표시를 하도록 하고 있다. 그렇다보니 이론적으로는 16.5%의 GMO를 사용하더라도 표시를 안 할 수 있다. 또한 GMO에서 유래된 DNA가 잔류하지 않으면 표시를 하지 않아도 된다. 반면 EU는 소량이라도 사용하면 모두 표시해야 한다.

고, 후진국들은 아예 관리를 하지 않는다. 반면 우리는 이를 불법화하고 있다. 포장마차 단속도 도로교통법 위반 차원에서 단속하지 식품위생법 차원에서 하지는 않는다. 포장마차의 식품안전은 사실상 방치되고 있다. 보신탕의 경우도 마찬가지다. 개가 가축이냐 아니냐는 논란을 넘어 우리가 식당에서 먹는 보신탕의 안전은 관리되어야 한다.

라. 불완전한 과학

과학은 불안전하다. 이런 이야기를 듣고 "하긴 세상에 완전한 게 어디 있냐."며 고개를 끄덕일 분도 계실 테고, "그게 무슨 소리냐. 경제학과 같은 사회과학은 절대 진리가 존재하지 않지만 자연과학은 다르다. 뉴턴의 만유인력 법칙이나 나선형 DNA 구조를 봐라. 그건 변할 수 없는 진리다."라고 이야기하는 분도 계실 것이다.

불행히도 과학은 몇 가지 측면에서 100% 안전한 식품의 안전성을 입증하기에 한계가 있다.

1) 과학은 퍼즐게임

DNA의 나선형 구조처럼 자연과학에서는 절대적 진리가 존재한다. 사람의 인식 속에 존재하는, 그래서 사람이 어떻게 하느냐에 따라 달라질 수 있는 사회과학과는 분명 다르다. 수요공급의 법칙도 사람들이 단합을 하면 깨지게 마련이다. 물론 이기심 때문에 그것이 오래가기는 쉽지 않을 테지만 말이다. 반면 그 사람들 몸속에 있는 DNA의 구조가 나선형이라는 것은 사람이 어떻게 마음을 먹던지 변하지 않는다. 아무리 많은 사람들이 모여 내일은 해가 서쪽에서 뜨게 해달라고 기원을 해도 해는 서쪽에서 뜨지 않는다.

자연과학에서 존재하는 절대적 진리는 짧은 시간에 확인되는 것이 아니다. 한번 제기된 학설은 오랜 시간 많은 노력과 시간, 그리고 많은 토론과 검토를 거쳐 확정된다. 종종 검증 과정을 거치다보면, 천동설처럼 과거 당연한 것으로 받아들여졌던 것이 거짓으로 판정되는 경우도 있다.

과학은 일종의 퍼즐 게임이다. 모든 퍼즐 조각을 다 맞추면 완벽한 그림이 나오고 그래서 그 실체를 정확히 알 수 있다. 하지만 그 조각을 완벽히 맞추기에는 일단 너무 많은 시간과 비용이 들어간다. 종종 그러기에는 과학기술수준 자체가 따라가지 못하는 경우도 많다.

실제 우리가 상식으로 알고 있는 것조차 아직 과학적으로 확인되지 않은 경우가 많다. 콜라나 사이다 같은 탄산음료가 당류의 과다 섭취로 인한 비만을 초래하는 것은 물론 인(phosphorous) 성분의 과다 섭취로 골다공증의 발생 위험을 증가시키는 것으로 알려져 있다. 하지만 미국 과학아카데미(NAS) 산하 미국 의학연구소(IOM/Institute of Medicine of the National Academy of Sciences)는 인 섭취량과 골다공증에 걸릴 위험 간에는 상관관계가 없다고 판정하였다. 인 성분을 많이 먹으면 칼슘의 흡수를 방해한다는 것이 그간 정설처럼 인식되었던 상황에서 미국 의학연구소의 평가에 과학자들의 거센 반론[38]이 있었다. 하지만 2003년 WHO에서 작성한 식사, 영양과 만성질병의 예방(diet, nutrition and the prevention of chronic diseases)이라는 보고서에서도 미국 IOM의 결정을 재확인했다. 물론 이 결정에 대해 뒷말도 무성하다. 코카콜라의 막강한 로비가 힘을 발휘했다는 이야기도 있다. 하지만 분명한 것은 로비를 막을 만큼 확실한 과학적 증거는 아직 없다는 점이다.

---

38) The Institute of Medicine's "Dietary Reference Intake" for Phosphorus: A Critical Perspective, Journal of the American College of Nutrition, Vol. 29, No. 4, 271-278(2001)

세간에 어떤 식품들이 기능성이 있다, 몸에 좋다는 내용을 담은 책들이 많이 판매되고 있다. 하지만 그 중 국제학회에서 공인받을만한 내용은 거의 없다고 보면 된다. 물론 그렇다고 그 주장들 모두가 명백히 거짓말이라고 할 수는 없다. 지금의 과학적 수준에서 보더라도 너무 과장되게 해석한 경우도 있지만, 모든 사람들에게서 그런 효과가 있기는 어려울지라도 일부 사람들에게 그럴 가능성이 있다는 것도 배제할 수는 없다. 지금 명확하게 이야기할 수 있는 것은 현재 과학적 수준으로는 그 내용이 거짓이라고 증명하기는 어렵다는 것이다.

2) 위해성 평가의 한계

자, 그렇다면 이제 일반적인 과학이나 영양을 넘어 식품안전의 핵심인 위해성 평가로 한번 들어가 보자. 이 위해성 평가는 얼마나 완벽[39]할까? 불행히도 많은 한계점을 가지고 있다.

현대 독성학의 가장 큰 맹점 중 하나는 사람을 대상으로 실험을 할 수 없다는 점이다. 대개 마우스와 같은 설치류를 사용하거나 원숭이를 실험 대상으로 한다. 동물실험에 대해서조차 윤리성 논란이 심한 상황에서 인체실험은 상상조차 할 수 없다. 동물실험을 통해 인체에 안전하다는 것을 입증하기 위해서는 동물과 사람의 대사구조가 동일해야 한다. 아니, 최소한 유사해야 한다. 하지만 인간과 동물이 공유하는 질병은 전체의 1.16%[40]에 불과하다.

그렇다보니 동물에서는 전혀 문제가 없는 것이 사람에게는 치명적인 결과를 초래하기도 하고, 동물에게서 문제가 있는 것이 사람에게는 별다른 영향을 미

---

39) Codex에서 1995년 발간한 지침(application of risk analysis to food standards issues)을 보면, 위해성 평가 과정에서의 불확실성(uncertainty)과 가변성(variability)이 정리되어 있다.
40) 동물실험, EBS 지식채널 e, 2008.2.11

치지 않기도 한다.

전자의 대표적 사례로 회자되는 것이 1960년대 발생한 탈리도마이드 사건이다. 임산부들의 입덧 방지를 위해 개발된 이 화학물질은 쥐는 물론 개, 고양이, 닭, 햄스터 등의 동물에서 전혀 문제점이 발견되지 않았다. 하지만 이 약을 복용한 전 세계 46개국에서 1만 명이 넘는 기형아가 태어났다.

현재 독성평가는 개별 물질별로 이루어진다. 하지만 우리가 먹는 식품에는 그 물질 하나만 들어있지 않다. 유사한 목적이나 유사한 화학구조를 가진 물질들이 함께 들어있다. 우리가 식품을 통해 그런 물질을 동시에 섭취했을 때 어떤 결과가 나타날지는 누구도 장담하지 못 한다.[41] 술처럼 식품첨가물 같은 화학물질도 칵테일 효과라는 것이 있다. 화학 물질 간 상호반응으로 인해 단일 물질이 우리 인체에 미치는 효과와 다른 효과가 발생할 수 있다. 물질 하나하나는 안전하지만, 여러 가지를 한꺼번에 섭취함으로 인해 우리 몸에서 독성이 나타날 수도 있고, 반대로 식품이라는 복합구조가 그런 물질의 독성을 중화시킬 수도 있다.

3) 결국 사람이 판단

이런 연유로 식품의 안전기준을 정할 때는 과학적 평가 자료에 기초해 정책 대안을 만들고, 이중 가장 합리적인 방안을 선택하는 과정이 있다. 이 과정에서는 위해성 평가의 한계 등이 고려된다. 이 과정을 거쳐 최종적으로 사용해도 좋다는 승인이 떨어진다. 다만, 이 경우에도 명시적이지는 않지만, 두 가지 단서가 붙는다.

---

[41] 이러한 복합물질의 독성에 대해서는 1997년 미국의 위해성 평가 및 위해성 관리 위원회에서도 한계점으로 지적한바 있다.

'현재 과학기술 수준에서 볼 때'라는 단서와 '판단된다'는 단서이다. 이 두 단서는 상당히 중요한 의미를 가지고 있다.

우선 설명이 간단한 '판단된다'는 것부터 한번 살펴보자. 판단이라는 것은 사람이 하는 것이기 때문에 같은 사실을 놓고도 달라질 수 있다. 따라서 한번 판단을 했다고 하더라도 다른 시각의 문제제기가 있으면 다시 살펴보고 판단할 수 있다.

'현대 과학기술 수준에서 볼 때'는 훨씬 더 큰 의미가 있다. 과학기술이 발전하면 새로운 사실들이 밝혀진다. 때로는 기존의 판단을 뒷받침하는 경우도 있지만, 안전성 문제가 불거지는 경우도 있다. 과거에는 ppm이라고 해서 백만분의 1 수준으로 분석을 했지만, 요즘은 ppb라고 10억분의 1, ppt라고 1조분의 1까지 정밀하게 분석을 한다.

예를 들어 국제식품규격위원회(codex)에서는 메틸수은을 기준물질로 일반 어류에 대해서는 0.5 ppm이하, 참치 등 육식성 어류에 대해서는 1 ppm 이하로 허용기준치를 설정하고 있다. 과거 ppm 단위로 계측하던 시절에는 이들 생선에 수은이 함유되어 있다는 사실 자체를 알지 못했다. 물론 그 당시에는 생선의 수은 함유는 식품안전 이슈가 아니었다.

향후 독성평가는 기존 동물실험의 틀에서 벗어나 인체를 대상으로 하는 가상 실험에 의존할 것으로 예상된다. 그간 동물실험은 그 실효성에 대한 논란과 함께 인도적인 문제가 끊임없이 제기되어 왔다. 이에 따라 서서히 동물의 반응을 본뜬 컴퓨터 모델링이 동물실험을 대체하려는 움직임이 있다. 소위 시스템생물학이라는 학문분야이다. 앞으로 인체에 대한 이해가 더 높아지면 그 때는 사람을 본뜬 컴퓨터 모델링을 통해 독성을 평가하게 될 것이다. 이러한 컴퓨터를 통한 독성 평가는 비용문제 등으로 인해 개별 화학물질별로 이루어지는 현재의 안전성 평가를 획기적으로 변화시킬 것으로 예상된다.

얼마 전 영국 식품안전기구(FSA)에서는 어린이 과잉행동장애와 관련된 것으로 보이는 5종의 인공착색료에 대해 사용금지 조치가 필요하다는 의견을 제시하였다.[42] 이들 첨가물은 그간 안전에 문제가 없는 것으로 판단했던 것들이다. 그런데 새로운 연구결과를 통해 건강에 나쁜 영향을 미칠 가능성이 있는 것으로 확인되었다. 현재 우리나라에서는 426종의 식품첨가물이 허용되고 있다. 이 중 추가 연구를 통해 앞으로 얼마나 많은 식품첨가물이 문제가 있는 것으로 확인될지 아무도 모른다.

---

42) http://www.food.gov.uk/news/newsarchive/2007/sep/foodcolours

3. 사회적 합의가 중요

3. 사회적 합의가 중요

가. 식품규제도 사회적 합의가 필요하다

1) 의사결정의 복잡성

앞서 살펴본 바와 같이, 과학은 우리가 원하는 모든 정보가 아닌 그 중 일부만을 제공한다. 그 정보의 정확성 또한 100% 장담할 수 없다. 지금 안전하다고 생각했던 것이 10년 후 사용금지 대상이 될 수 있다. 이렇게 주어진 정보가 제한되고, 그 정보의 정확도 또한 확실하지 않은 상황에서는 아무리 뛰어난 전문가라도 항상 100% 정확한 판단을 하기는 매우 어렵다.

현실은 과학적으로 위해하다고 해서 무조건 금지할 정도로 여유롭지도 않다. 현실을 도외시한 식품안전을 추구하다보면, 감당할 수 없는 가격상승이나 식량의 절대부족에 직면할 수도 있다. 이렇게 많은 제약과 불확실성 속에서 의사결정을 더 어렵게 만드는 것은 그 나라의 문화와 정치적 환경이다.

문화와 정치적 환경이 의사결정에 큰 영향을 미친 사례로 GMO 표시제를 들 수 있다. 미국은 GMO에 표시하는 것 자체를 불필요하다고 생각한다. 반면 EU

는 가장 강력하게 GMO 표시제를 시행하고 있다. 미국과 EU간에 과학수준의 차이가 커서, 아니면 같은 연구결과에 대한 해석이 달라서 그런 문제가 발생하는 것은 아니다. 그보다는 미국의 문화, 정치적 상황 등이 이런 결과를 가져왔다.

GMO는 미국회사인 몬산토가 주도적으로 만든 제품이다. 지금까지 미국에서 실용화된 GMO의 대부분이 미국사람들이 주식으로 하지 않는 콩이나 옥수수다. 미국 사회가 상대적으로 사회적 가치에 비해 경제적 가치를 더 중시하는 점도 작용한다. 그간 큰 식품안전 사고가 없어 소비자들이 상대적으로 식품안전에 덜 민감하다. 그렇다보니 미의회에서 GMO 표시제가 필요하다는 주장도 나오기 어렵다. 반면 EU는 광우병 사태를 겪으면서 식품안전에 대해 소비자들이 매우 민감해져있다. 과거 광우병으로 정권교체까지 경험한 정치권에게 식품안전은 곧 정치적 생명과 연계된다. 따라서 소비자들의 우려를 그냥 기우라고만 듣고 넘길 수는 없다. EU는 GMO가 주식이 아니라는 점에서는 큰 차이가 없으나, 미국에 비해 경제적 가치보다는 사회적 가치의 실현을 더 중시한다.

GMO에 대한 유럽 사람들의 시각을 가장 잘 보여준 말이 있다. "단순히 안전성만 문제가 아니라 종간의 유전자, 심지어 사람의 유전자를 활용한다고 하던데요. 지금도 먹을 게 충분한데, 왜 우리가 골치 아프게 고민을 하면서 GMO를 꼭 먹어야 하나요?" 사회적 연대, 환경보호를 중시하는 그들에게 GMO는 참 이해하기 어려운, 불필요한 존재다. WTO 규정에 따라, GMO 수입을 승인하고 있지만 그렇다고 유럽 사람들의 GMO에 대한 근본적인 시각이 바뀌지는 않을 것 같다.

식품에 대한 의사결정은 이렇게 복잡하다. 과학에서 시작하지만, 정치적 고려, 과학기술과 위험에 대한 사회적 인식, 음식문화의 특성 등 많은 사항들이 최종결정에 영향을 미친다. 이렇게 많은 사항들을 고려하면서도 식품에 유독 민감한 소비자의 신뢰를 얻기 위해서는 공개된 절차에 따른 사회적 합의과정을 거치는 것이 반드시 필요하다.

 사회적 합의 과정은 과학적 판단의 오류로 인한 사회적 파장을 줄여주는데 큰 역할을 한다. 소수의 전문가가 참여하고 비공개적으로 이뤄진 평가는 향후 오류로 판정될 가능성이 높고, 그 평가결과의 신뢰성 또한 정치적으로 오해받기 쉽다. 반면 공개적 논의과정을 거치면 그 위험을 우리 모두가 나눠가질 수 있다. 소비자들도 감당해야할 위험이 어느 정도이고 그것을 왜 감수해야하는지 알 때, 나중에 진짜 식품안전 사고가 발생해도 차분하게 대응할 수 있다.

 2) 우리의 잘못된 인식

 과학이 출발점이라는 것 이외에도 정치사회적 요인이 고려되고 결국 사람이 결정하는 것이라는 점에서 식품규제도 다른 정책과 별반 다르지 않다. 이렇게 식품규제의 결정이 정치·사회적인 문제임에도 우리 사회에서는 식품안전을 그냥 과학자들이 정하면 되는 것으로 매우 쉽게 생각하는 경향이 있다. 이러한 인식은 과학자들, 정부의 일선 공무원과 최고의사결정권자들, 국회의원들에게도 광범위하게 퍼져있다. 이렇게 단순화된 시스템은 여러 가지 문제를 양산해 낸다.

 첫째, 현실과 괴리된 처방으로 인해 근본적 원인은 제고되지 않고 유사한 사고가 계속 발생하는 악순환이 지속된다. 정부의 식품안전기관장은 학계의 권위자가 되어야 한다는 것이 일종의 상식처럼 굳어져 있고, 소속 직원들도 대부분 석박사급의 과학자들로 구성되어 있다. 정부기관의 전문성은 점점 높아지는데, 정작 식품안전문제로 인한 사회혼란 발생 빈도는 점점 늘어나고 그 파장 또한 점점 더 커지고 있다. 그렇다면 우리 사회의 불량식품 제조업자들이 점점 더 늘어나는 것일까? 정작 식품기업들은 소비자들이 잘 몰라서, 정부가 무책임해서 그런 상황이 발생한다고 항변한다.

아직 우리는 7-80년대 불량식품 제조업자가 많던 시대의 고정관념에서 벗어나지 못하고 있다. 과학의 발전으로 새로운 문제제기가 계속 되고 있는데, 정작 이걸 정부기관도 사회도 제대로 소화를 시키지 못하고 있다. 언론에 어떤 물질이 위해할지 모른다는 연구결과 하나가 발표되면 당장 내일부터 해당 물질이 함유된 모든 식품은 회수되어야 한다고 생각한다. 소비자는 물론 소위 전문가라는 많은 분들도 마찬가지다. 우리가 사는 세상에는 잠재적 위해물질이 매우 많음에도 이 존재에 대해서는 무시한다. 위해물질이 있다고 확인되면 그 위해물질이 함유된 식품을 생산한 업체만 나쁜 기업, 부도덕한 기업으로 매도한다.

둘째, 정치적 고려가 과학적 평가로 포장된다. 식품산업은 대표적인 규제산업이다. 규제를 어떻게 하느냐에 따라, 시장 판도가 변한다. 비용이 많이 들어가는 규제는 대기업에게 유리하다. 새로운 제품의 개발 제한은 신규업체의 진입을 막아 기존의 시장지배자가 안정적으로 시장을 운영하는데 도움이 된다. 과학자들이 결정한다고 해서 기업의 이해관계 등 정치적 고려가 배제되지는 않는다. 오히려 과학적 평가라는 틀 속에서 은밀히 이루어진다. 사회과학자에 비해 정치적 특성이나 그 파장에 대한 경험이 상대적으로 부족한 자연과학자의 경우, 훨씬 더 위험한 결정을 할 수 있다.

나. 과학은 문제를 해결하고 합의를 촉진시킨다

과학이 불완전하고 사회적 합의가 중요하다고 해서 과학의 중요성을 간과해서는 안 된다. 절대적이지 않다는 것이지 중요하지 않다는 말은 아니다. 과학의 발전이나 과학적 평가가 없이 식품안전 수준을 높이겠다는 것은 어불성설이다. 과학은 우리가 원하는 식품안전 수준의 달성을 위한 논의의 출발점이자 해결

수단을 알려주는 중요한 역할을 한다.

1) 식중독 해결의 열쇠

과학은 식중독 등 식품사고가 발생했을 때, 그 원인을 찾도록 도와준다. 학교에서 식중독 사고를 일으킬 수 있는 요인은 많다. 그날 들어온 식재료가 식중독균에 과도하게 오염됐을 수도 있고, 조리 과정에서 가열이 제대로 안 됐을 수도 있다. 조리원 중 한명이 식중독균 보균자일수도 있다. 때로는 조리장 자체가 불결해서 생긴 문제일수도 있다. 식중독 사고에는 분명 원인이 있다. 그 원인을 찾아 해결하지 않으면 또다시 유사한 사고가 발생한다. 이를 위해서는 범죄수사처럼 과학적인 조사가 필요하다.

식중독 사고의 원인을 찾는 것이 쉬운 일은 아니다. 환자의 변에서 식중독균이 검출되었다고 무조건 그 균이 원인균은 아니다. 사람의 몸속에는 식중독균이 평소에도 상당수 있다. 진짜 식중독균을 일으켰는지를 확인하기 위해서는 식중독을 일으킨 식품과의 DNA 지문(fingerprint) 비교가 필수적이다. 그런데 많은 경우 문제를 일으킨 식품을 확보하기 쉽지 않다. 원인조사를 위해 급식을 일정기간 보관하도록 하고 있지만, 보관식에서도 식중독균이 나왔다는 이야기는 아직 들어보지 못했다. 미국에서는 평소에 지역별로 식중독균 지문 DB를 구축해 놓아, 어느 지역에서 생산된 식품인지를 추적하기도 한다고 한다. 방대한 작업이다. 과학은 식품사고의 원인이 밝혀졌을 때, 그 해결책도 알려준다. 종사자의 손을 통해 식중독균이 오염되는 것을 막기 위해 소독수를 사용한다. 식품첨가물 사용에 대한 우려가 높아지면서 식품공정을 통해 해결하는 방안이 시도되기도 한다. 초고압기술은 식품에 높은 압력을 가해 식품의 성분 변화 없이 식중독균을 죽인다.

2) 비합리적 판단 배제

과학은 객관적 사실을 제공함으로써 사회적 합의를 촉진시킨다. 앞서 과학은 퍼즐이라고 했다. 많은 퍼즐조각이 있을수록 그만큼 회의테이블에 앉아있는 사람들 사이에 그 그림이 무엇인지에 대한 이견을 줄일 수 있다.

새로운 물질이나 기술이 나오면 이로 인해 사람이 해를 입을 수 있는 가설이 수백 가지 제시될 수 있다. 하지만 과학을 통해 하나하나 해결해나가면 그 가설을 수십 또는 몇 가지로 줄일 수 있다. 동물실험을 통해 사람에게 얼마나 위험한지 장담할 수 없다고 해서 동물실험이 무의미한 것은 아니다. 기존에 다른 물질에서 확인된 위해가 있는지 없는지 확인함으로써 그만큼 더 높은 수준의 안전관리가 가능하다. GMO의 안전관리도 처음 논의가 되었을 때보다 분명 지금은 더 높은 수준의 안전관리가 되고 있다.

물론 나중에 위해가 확인될 가능성도 배제할 수는 없지만 그간의 평가결과를 보면 그 확률은 매우 낮다.

과학은 안전기준의 집행력을 높이는데도 큰 역할을 한다. 소비자가 원한다고 무조건 높게 정한 기준은 실제 산업현장에서 제대로 지켜지지 않는다. 현장에서 기준이 잘 지켜지려면 법에 있기 때문이 아니라 생산자 스스로 안전을 위해 필요하다는 인식이 들도록 해야 한다.

식품을 취급하는 영업장 중 가장 상대하기 힘들다는 곳이 도축장이다. 다른 업종에 비해 상대적으로 거친 일을 하다 보니 사람들도 거칠고 여론이 원한다는 말만으로는 시행하기 어려운 경우가 많다. 이건 우리나 선진국이나 비슷하다. 이럴 때 과학적 결과가 있으면 훨씬 설득하기가 쉽다. 당신이 지금하고 있는 그 관행을 바꾸면 당신 도축장에서 생산한 축산물이 정부 검사에서 불합격 받을 확률이 엄청 낮아지고 당신의 수입이 더 늘어난다고 설득할 수 있다.

사회과학도 자연과학과 함께 합리적 판단을 하는데 상당한 기여를 한다. 식품안전 수준을 높이는데 여러 가지 방법이 있을 수 있다. 비슷한 효과를 가지고 있다면, 비용이 덜 들어가는 방법을 쓰는 게 사회적으로 좋다.

종종 비용이 너무 많이 들어 현실적으로 시행하기 어려운 방법도 있을 수 있다. 이때 무조건 비용이 많이 든다고 말로만 하기보다 구체적으로 얼마가 들어가는데 이렇게 되면 소비자들이 얼마를 지불해야한다는 자료를 제시하면 사회 구성원간의 합의가 훨씬 쉬워진다.

선진국에서는 요즘 표시기준을 정할 때도 기업과 소비자 간의 합의를 좀 더 쉽게 할 수 있도록 소비자의 인지도에 대한 조사를 실시하기도 한다. 기업이 많은 비용을 지불하고 표시를 하는데, 정작 소비자들은 거의 사용하지 않는다면 굳이 할 필요가 없기 때문이다.

3) WTO에서의 방패

과학은 WTO라는 거대한 세계무역시장에서도 중요한 역할을 한다. WTO 출범 당시 중요하게 논의된 것 중 하나가 위생을 이유로 각국에서 설치한 기술적 장벽(technical barrier to trade)을 제거하는 것이었다.

GATT[43] 시절에는 위생문제가 자동차 규격과 같은 다른 기술적 장벽과 함께 GATT협정의 부속서인 TBT[44] 협정에서 함께 다루어졌다. 그러다보니 일본을 중심으로 주관적 판단을 내세워 기술적 장벽을 구축하는 경우가 많았다.

---

43) GATT(General Agreement on Tariffs and Trade) : 관세 및 무역에 관한 일반협정으로 불리며, 세계 각국의 무역장벽을 점진적으로 철폐하여 자유무역질서를 확립하기위해 1947년 제네바에서 23국이 조인, 1948년에 발효한 국제경제협정이다.(자료 : 매경인터넷)

44) TBT협정(Agreement on Technical Barriers to Trade): 무역상 기술장벽협정

이러한 문제점을 보완하고자 마련된 것이 SPS협정[45]이다.

SPS협정 체결로 인해 가장 크게 달라진 것은 특별한 사유가 없는 한, 모든 WTO 회원국은 국제기구에서 정한 기준을 지켜야 한다는 점이다. 국제기준과 달리 설정하려면 과학적 근거에 입각해서 위해성 평가(risk assessment)를 해야 한다. 당장 과학적 근거가 없는 경우에 사전 예방적 차원에서 필요한 조치(precautionary measure)를 취할 수 있기는 하다. 하지만 이 경우에도 조속히 과학적 근거를 확보해야 한다.

국제기구에서는 전 세계 회원국을 대상으로 기준을 정하기 때문에 우리나라의 특성을 반영한 기준을 정하기 어려운 경우가 있다. 국제기구에 정치적 영향이 가해져 안전기준이 바뀌거나 아니면 아예 정해지지 않기도 한다. 대표적인 사례 중 하나는 OIE(국제수역사무국)의 광우병 통제국 판정기준 변경이다. EU에서 광우병이 발생했을 때는 그대로 유지되던 OIE의 광우병 통제국 판정기준이 2003년 미국에서 발생하자 2005년 변경되었다. 변경된 기준에 따라 2007년 5월에 미국은 광우병통제국으로 인정받았다. 당초 광우병이 발생하지 않았다는 이유로 무역장벽을 쳤던 미국이 광우병이 발생하자 오히려 장애가 되는 장벽을 거둬들인 것이다. 광우병이 처음 시작된 EU 입장에서도 미국의 요구는 반가웠을 것이다. 양대 슈퍼파워인 미국과 EU의 정치적 이해가 맞아 떨어진 상황에서 기준 변경은 쉬운 일이었을 것이다.

과학은 WTO체제에서 약소국이 강대국에게 대항할 수 있는 좋은 수단이 된다. 국제기준의 준수는 독립적인 안전기준 설정 자체가 어려운 상당수 후진국이나 일부 개발도상국에는 선진국의 압력으로부터 식품안전을 보호하는 장벽

---

45) SPS협정(Agreement on Sanitary and Phytosanitary Measures) : 식품 동식물 검역규제협정

의 역할도 하고 있다. 과거에는 국제기준과 상관없이 강대국이 수입조건을 강요하는 경우가 있었다. 하지만 지금은 국제기준이 있어 그렇게 하기 어렵다. 다만, 위해성평가의 수준이 높지 않은 우리나라 경우, 실제 국제기준보다 엄격한 기준을 설정하기는 상당히 어렵다. 그것은 위해의 증거를 찾는 작업 자체가 재원을 많이 필요로 할 뿐만 아니라 상대국에 비해 상대적으로 과학기술 수준이 낮기 때문이다.

다. 과학적 평가와 정책적 판단의 분리가 필요하다

국제기구에서는 효과적 식품안전관리를 위해 투명한 의사결정을 하도록 권고하고 있다. 영국정부의 광우병[46] 대응이 농민을 고려한 정치적 이해관계 속에서 이루어졌다는 사실이 알려지면서 국제사회에서는 과학적 사실에 기초하여 투명하게 정책을 결정하고 집행해야 한다는 것에 대해 공감대가 형성되었다.

투명성을 높이는데 있어 가장 중요한 것 중 하나가 과학적 평가결과의 충분한 공개다. 과학적 평가 결과가 공개되지 않으면 사회구성원들이 의사결정 과정에 적극적으로 참여하기 어렵다. 또한 평가결과가 민간전문가들에 의해 검토될 수 없어 평가 결과의 신뢰성 확보에 한계가 있다. 공개하면 문제가 생길 것 같지만 꼭 그렇지는 않다. 오히려 그런 평가 결과에 동의하는 많은 우군이 생긴다. 국제기구에서는 투명성을 높이고 과학적 근거에 따른 의사결정이 이루어질 수 있도록 과학적 평가(위해성평가)와 의사결정(위해성관리) 과정[47]을 분리해서 운영하도록 하고 있다.

과학적 평가의 독립성을 위해 선진국에서는 기관 내부에서 부서를 분리하는

---

46) 영국의 광우병에 대한 자세한 이야기는 이 책의 78p 등에서 좀 더 자세히 설명하였다.
47) 위해성 평가와 위해성 관리의 개념에 대해서는 이 책의 109p에 좀 더 자세히 설명하였다.

것은 물론 아예 별도의 기관을 만들기도 한다. 심지어 평가 기관에 대해서는 그 결과를 발표할 때 정부에서 통제하지 못하도록 법률에 명문화시킨 나라도 있다. 호주의 FSANZ는 평가 부서와 정책결정 부서를 분리하여 운영하고 있다. 일본과 프랑스는 평가기능의 독립성 확보를 위해 별도의 기관을 신설하였다. 일본의 식품안전위원회는 위원을 국회에서 임명하며, 프랑스의 식품안전기구(AFFSA)는 정부의 간섭 없이 평가결과를 발표할 수 있다.

아쉽게도 우리 정부는 평가결과를 잘 공개하지도 않고 평가조직과 관리조직이 상호 견제할 수 있도록 충분히 분리·운영하고도 있지 않다.

1) 정치논리에 좌우될 우려

과학적 평가의 독립성이 보장되지 않아 발생할 수 있는 가장 큰 문제는 정책이 과학보다 정치논리에 지나치게 영향을 받을 수 있다는 점이다. 2008년 어린이 안전한 식생활을 보장한다는 취지에서 어린이 식생활 특별법이 제정되었다. 어린이의 안전이라는 점에서 국회는 국민들에게 어필하기 좋은 소재였고 정부 또한 적극적이었다. 어린이 식생활에 대한 중요성을 일깨웠다는 점에서 긍정적 효과가 있었다. 반면 합리적인 과학적 평가가 소홀히 되면서 향후 시행과정에서 부작용도 만만치 않을 것으로 예상된다. 이 법 제정의 가장 큰 취지는 어린이들이 지방, 당, 나트륨 함량이 높은 식품을 섭취해 심각해진 비만문제에 대응한다는 것이다. 과연 우리나라의 비만문제가 그렇게 심각할까? 2005년도 국민건강영양조사 결과를 보면, 13-19세 청소년의 6.7%가 에너지/지방 섭취과잉[48]인 반면, 영양소 섭취가 부족[49]한 청소년은 17.8%나 되었다.

48) 에너지/지방 과잉 섭취 : 에너지 섭취량이 필요추정량의 125% 이상이면서 지방섭취량이 적정 에너지 섭취비율을 초과한 대상자
49) 영양소 섭취 부족(취약) : 에너지 필요추정량 75% 미만/칼슘, 철, 비타민 A, 리보플라빈 모두 평균 필요량 미만을 섭취한 대상자

이 결과를 보면 비만이 문제가 아니라 영양결핍이 진짜 문제다. 비만에 대한 과도한 우려는 오히려 영양결핍을 악화시킬 수 있다. 어린이들의 당 섭취량(61g)도 WHO의 권고를 바탕으로 설정한 영국이나 호주의 기준치(90g)와 비교해 보면 걱정할 정도는 아니다. 정작 우리나라에는 기준치도 없다. 학계에서는 비만 판정기준을 WHO의 기준보다 낮게 잡아 비만인구가 높게 알려진 것이지 진짜 비만인구가 많은 것은 아니라는 의견[50]도 상당하다. 국민들이 식품안전에 소홀한 것도 문제지만 그렇다고 실제 문제의 심각성보다 더 걱정하게 만드는 것은 올바른 식품규제정책이 아니다.

이 법이 교육과학기술부 소관이 아니라서 그런지 어린이들이 학교생활을 하면서 야채 섭취 등 올바른 식생활 습관을 갖도록 하자는 규정도 없다. 오히려 '어린이급식관리지원센터' 라고 해서 이미 교육과학기술부에서 관장하는 '학교급식지원센터' 와 유사한 것을 별도로 설립하도록 하고 있다. 가장 아쉬운 부분은 소위 쫄쫄이 같이 식품첨가물을 과다 사용한 제품에 대한 판매금지 언급이 없다는 점이다. 학교 앞 문구점에 가면 어린이 대상으로 전분 가루에 알록달록 색깔을 넣기 위해 다섯 가지도 넘는 색소를 사용한 제품들이 판매되고 있다. 과학적으로 위해하지 않다고 하더라도 어린이들을 대상으로 식품첨가물을 불필요하게 많이 사용하는 것은 매우 적절치 못한 일이다. 그런 제품들의 판매를 금지해야한다.

---

50) 우리나라에서 체질량지수(Body mass index)에 의한 비만 기준은 적정한가? 박용우, 김철환, 신호철 (성균관대학교 의과대학 가정의학교실)

2) 전문성 저하

과학적 평가의 정책결정 예속화는 평가의 전문성 저하를 초래할 수 있다. 평가를 담당하는 과학자나 공무원 입장에서 보면 과학적 평가가 정책 결정이나 정치에 예속되면 굳이 열심히 할 필요가 없다. 긍정적 평가결과가 나오면 상관없지만 비판적 평가결과가 나오면 오히려 조직 내에서 나쁜 이야기를 들을 수도 있기 때문이다. 가급적 문제가 될 수 있는 부분은 이야기하지 않게 된다. 이런 현상은 비단 공무원만의 문제는 아니며 정부 용역사업을 하는 민간 전문가에게도 해당될 수 있다.

라. 미드필더를 키워라

식품규제에 대한 사회적 합의가 원활히 이루어지기 위해서는 상호 이해가 중요하다. 상대방의 입장을 더 잘 이해할수록 합의가 쉽다. 반면 상대방의 생각 자체를 이해하지 못한다면 그만큼 합의가 어렵다.

식품규제에 대한 의사결정에 참여하는 사람들은 정부기관을 비롯해 소비자단체, 기업, 민간전문가, 대학교수 등 다양하다. 이들은 크게 사회과학으로 대변되는 사회적 가치를 중시하는 그룹과 자연과학으로 대변되는 과학적 평가를 중시하는 그룹으로 이원화된다. 그런데 이 두 그룹은 '두 문화'[51] 라고 불릴 정도로 생각하는 방식, 사용하는 용어 등 많이 다르다. 그렇다보니 기본적인 의사소통이나 상대방에 대한 이해과정에서도 상당한 문제가 발생한다. 사회과학 쪽에서는 과학적으로 별 문제가 없음에도 추상적인 주장만 고집하고 자연과학 쪽에서는 문화적 가치를 수용해야함에도 과학이라는 잣대만 고집한다. 정작 이러한 두 문화 간 소통하려는 노력은 매우 부족하다. 종종 소통의 필요성조차도 인정하지 않는다.

---

51) 두 문화, C.P 스노우, 사이언스북스, 2001

1) 사회과학자의 필요성

식품규제나 식품안전에서 사회과학이 얼마나 관련되어 있을까? 이걸 가장 잘 보여주는 것은 식품규제의 기본원칙이다. Codex에서는 식품규제의 기본원 칙으로 위해성 분석(risk analysis), 농장에서 식탁까지(from farm to table), 투명성 (transparency), 규제영향평가(regulatory impact anaylsis)를 들고 있다.[52] 이중 위해성 분석과 규제영향평가에는 사회과학적 시각이 그대로 반영되어 있다.

위해성 분석 중 위해성 관리는 행정학에서 말하는 정책과정과 별다른 차이가 없다. 행정학[53]에서 정책과정은 정책의제설정, 정책결정, 정책집행, 정책평가의 순환구조로 이루어져 있다. 식품의 위해성 관리에서도 위해평가, 위해관리 방안 평가, 결정된 관리방안 시행, 모니터링 및 재검토라는 순환구조를 이루고 있다.

위해성 평가는 일반 행정학에서는 별다른 언급이 없는데[54], 식품안전행정의 가장 큰 특징 중 하나다.[55] 하지만 위해성 평가 식품안전에만 적용되는 특별한 개념이 아니다.

식품안전은 물론 환경, 토목, 금융 등 위험(risk)이 있는 분야에서는 널리 사용되고 있다. 예를 들어 브라질에 투자하려는 펀드매니저는 분석기법을 적용해서 기대수익과 향후 문제 발생 시 손실을 비교한다. 그래서 수익 발생 확률이 높으면 투자를 하는 것이고 손실 발생 확률이 높으면 다른 투자처를 알아보게 된다. 댐을 건설한다던지, 컴퓨터정보시스템을 운영하는 경우, 심지어 부동산투자를 하는 경우에도 마찬가지다. 사고가 발생할 수 있는 모든 상황에서 위해성평가

---

[52] 4대 원칙에 대한 자세한 설명은 이 책의 109p에 제시되어 있다.
[53] 김문성, 《행정학의 이해》, 박영사, 2000
[54] 행정학에서는 통상 연구라는 개념 속에 포함되며, 정책결정의 보조수단 정도로 인식된다.
[55] 위해성평가가 위해성관리와 별도로 이와 같이 중요하게 인식되는 것은 관리방안 결정시 그 타당성을 입증하는 가장 객관적이고 중요한 근거로 인식되기 때문이다.

가 활용된다. 차이가 있다면 식품안전 분야에서는 환경 분야처럼 자연과학이 결부되고 위해성 평가를 한 위해성 분석의 한 요소로 생각하는 반면, 보험 분야에서는 위해성 분석을 위해평가와 묶어서 위해성 평가로 한다는 점이다. 위해성 정보교류는 별도로 존재하지 않는다는 점도 다르다.

규제영향평가는 식품안전은 물론 모든 행정 분야에 공통적으로 적용되는 개념으로[56] 우리나라의 경우 1997년 행정규제기본법 제정으로 공식 도입되었다[57]. 국제기구에서는 합리적인 방안을 찾는다는 취지에서 뿐만 아니라, 국민건강을 내세워 과도한 규제가 이루어질 가능성을 경계하기 위해서 규제영향평가를 기본원칙으로 제시하였다. 규제영향평가는 식품규제 설정과정에서 정치적 바람몰이를 최소화하는데 매우 중요한 도구이다. 자칫 국민정서법으로 제기된 과도한 규제 주장을 합리적인 방향으로 끌고 갈 수 있다. 식품사고가 날 때마다 규제강도를 높였음에도 국민들의 식품안전에 대한 불안이 점점 일상화되고 있는 우리 현실에서 반드시 되새겨볼 필요가 있다.

최근 서울대학교 공익산업법센터나 한양대학교 안전법센터가 식품안전에 대해 관심을 갖고 관련 연구를 수행하는 것은 매우 바람직한 현상이다. 법률 분야는 물론 다른 사회과학 분야에서도 이런 시도가 지속되어야 한다. 다만, 이런 접근은 다소 한계가 있다. 사회과학자들은 위험에 대응하기 위해 고안된 제도가 우리의 법 논리와 맞는지는 논의할 수 있지만 정작 그런 제도를 탄생시킨 문제의 본질에는 접근하는데 한계가 있다. 과학자들과 위해성 평가 결과를 놓고 토론을 할 수 없기 때문이다.

---

56) '규제영향분석'(Regulatory Impact Analysis)이라 함은 규제로 인하여 국민의 일상생활과 사회·경제·행정 등에 미치는 제반영향을 객관적이고 과학적인 방법을 사용하여 미리 예측?분석함으로써 규제의 타당성을 판단하는 기준을 제시하는 것을 말한다(행정규제기본법 제2조①항5호)
57) 아직은 실제 내용보다는 형식에 많이 치중하고 있어 규제영향평가 도입의 당초 입법 취지를 잘 살려 시행되고 있다고 보기 어렵다.

2) 자연과학자의 함정

자연과학이 식품규제에서 차지하는 비중은 매우 크다. 앞서 언급하기도 했기 때문에 자연과학의 중요성을 굳이 여기서 한 번 더 이야기할 필요는 없을 것 같다. 대신 자연과학자가 빠질 수 있는 함정에 대해 이야기해보고자 한다.

자연과학 전공자들은 의외로 과학의 불완전성을 인정하지 않으려고 한다. 과학을 업(業)으로 하는 사람들이라 현대 과학기술의 한계를 잘 알고 있을 텐데 말이다. 아마도 워낙 위해물질을 자주 다루다보니 그 위해성에 대해 좀 무뎌지지 않았나 싶다.

어떤 경험 많은 식품전문가가 식품첨가물은 이미 오랫동안 검증되었고 과학적으로 안전하다는 것이 확인되었는데 왜 그것에 대해 문제제기를 하는지 모르겠다고 하는 이야기를 들었다. 과연 그럴까?

지금 사용하는 식품첨가물 중에는 최근에 안전성 평가를 거친 것도 있지만, 1950년대 안전성 평가를 하고 그 이후로 별다른 검토를 하지 않은 것들도 있다. 심지어 아질산염(nitrosamine)[58]처럼 발암물질일 가능성이 있어 WHO가 공식적으로 섭취 제한을 권장하고 있음에도 음식문화를 고려해서 제한적으로 허용하고 있는 경우도 있다.

자연과학자들은 종종 과학만능주의에 빠지기도 한다. 과학적으로 문제가 없는데 사람들이 잘 몰라서 그런다고 폄하한다. 대표적인 사례가 GMO에 대한 표시제가 아닐까 싶다. GMO에 찬성하는 과학자들은 GMO는 과학적으로 안전하다는 게 입증되었으므로 표시제는 필요 없다고 한다. 이런 주장에 대해 소비자단체는 GMO의 안전성을 과학적으로 100% 보장할 수 있느냐고 반문한다. 소비

---

[58] 아질산염은 육제품의 색을 보존하는 것은 물론 부패를 방지하기 때문에 이를 금지하면 오히려 육제품의 부패로 인해 더 큰 식품안전상 위해가 발생할 수 있다는 이유에서 소시지나 햄 제조에 사용이 허용되고 있다.

자단체는 GMO에서 유래된 DNA가 있는 경우뿐만 아니라 간장처럼 DNA가 없는 경우에도 표시를 하도록 GMO 표시제를 확대하자고 한다.

이에 대해 이들 과학자들은 정밀검사로 그런 DNA를 추출할 수 없으니 표시를 하지 말자고 한다. 그런데 이 논쟁을 들여다보면 과학자들이 어떤 논리적 모순에 빠져있다는 것을 알 수 있다. 왜 꼭 시험분석을 통해 GMO에서 유래된 DNA가 추출될 때만 표시를 하느냐는 것이다. GMO가 위해하거나 그럴 가능성이 있다면 판매를 허용해서는 안 된다. 일단 판매가 허용되었다는 것은 절대적 안전은 몰라도 과학적 안전은 달성되었다는 것을 의미한다. 그 이후의 문제는 소비자의 알권리다. 소비자의 알권리는 과학적으로 분석을 할 수 있는지 여부와는 무관하다.

원산지 표시를 생각하면 쉽게 이해할 수 있다. 똑같은 바다에서 잡아도 중국 배가 잡으면 중국산, 우리 배가 잡으면 국산이 되는 것이 원산지다. 실험으로는 도저히 중국산과 국산을 구분할 수 없다. 유기식품도 마찬가지다. 일반 농산물에 사용한 농약도 소비자의 식탁에 오를 때쯤이면 대부분 증발해서 남아있지 않기 때문에 실험으로는 확인할 수 없다.

GMO 표시제도 마찬가지다. 소비자가 원하면 그리고 그로 인해 발생하는 비용을 치를 준비가 되어 있다면 표시하도록 해야 한다. 왜 소비자들이 과학을 믿지 않느냐면서 표시제가 필요 없다고 주장하는 것은 과학자들의 월권이다.

3) 자연과학과 사회과학을 모두 이해하는 사람이 필요하다

서양 과학을 받아들인 지 얼마 안 되어 그런지 우리에게 자연과학은 아직 생활화되어 있지 않다. 그렇다보니 어떤 문제를 풀어갈 때 과학보다는 본능에 의존하려고 한다. 그 위험이 어떤 것인지, 내게 발생할 확률이 어떤 것인지를 분석

적으로 바라보지 않는다. 그렇다보니 교육과학기술부에서는 과학의 생활화를 위해 과학관 사업까지 시행하고 있다.

소비자들이 과학에 입각해 식품 문제를 바라보도록 하기 위해서는 정부나 전문가들이 소비자들에게 과학적 사실을 적극적으로 알리는 노력이 필요하다. 과거 사례를 보면, 식품사고 초기에는 시도하지만 사회적 이슈가 되면 쉽게 포기하는 경향이 있다. 소비자들 스스로 이해하려는 노력이 없다는 점에서 이해가 가는 부분도 있지만 이번만 어떻게 넘기면 된다는 식의 접근은 비슷한 형태의 사회적 혼란이 계속 발생하는 악순환을 초래한다. 2004년 불량만두소도 그렇고, 얼마 전 발생한 생쥐머리 사건도 비록 혐오스럽고 찜찜하기는 하지만 과학적으로 보면 건강에 해가 되지는 않는다.

소비자에게 적극적으로 알리려는 노력만으로는 개선에 한계가 있다. 자연과학과 사회과학을 연결할 수 있는 전문가 양산을 통해 문제를 근본적으로 해결해야한다. 가장 시급한 것은 정부기관이다. 축구로 치면, 일반 행정직은 직접 소비자를 상대한다는 점에서 골을 넣는 공격수다. 연구직은 식품에 대한 과학적 평가를 통해 대응 수단을 제공한다는 점에서 수비수다. 기술 행정직은 일반 행정과 연구직 사이에서 평가 결과를 정책화하고 또 연구직에게 사회적 수요를 기술적으로 설명할 수 있다는 점에서 미드필더다.

현재 우리 정부의 식품안전기관을 보면 사회과학적 시각을 갖는 일반 행정직은 업무에 대한 부담 때문에 기피해서 그렇지 훌륭한 분들이 많다. 자연과학적 시각을 갖는 연구직도 이제는 어느 정도 수준에 올랐다. 그런데 이 두 집단을 이어주는 기술 행정직은 기관마다 차이는 있지만 전체적으로 상당히 취약하다.

그렇다보니 축구로 비유하자면 안정적인 경기 운영이 되지를 않는다. 수비수는 상대방 공격을 막고 공을 뻥뻥 차내기에 급급하다. 공격수도 골을 넣을 만큼

공이 잘 오지를 않아 뛰어다니기 바쁘다. 소위 말하는 뻥 축구다. 그렇다보니 선수들은 모두 열심히 뛰고 힘들어서 헉헉대지만 정작 골은 터지지 않는다. 공을 차내도 계속 상대방은 공격해 들어온다.

요즘은 융합이 대세라고 한다. 사회과학과 자연과학을 모두 이해하는 전문가의 중요성이 부각되고 있다. 식품규제 분야도 마찬가지다. 과학적 평가 없이는 일 자체가 되지 않는다는 점에서 그 어느 분야보다도 시급하다.

4. 정부와 민간의 역할 분담

4. 정부와 민간의 역할 분담

가. 조정자로서의 정부

식품 문제가 불거질 때마다 국민들은 정부의 대응을 비판한다. 초기에는 큰 문제 아니라던 정부도 문제가 심각해지면 실제 실행 가능한지보다 국민들이 어떻게 받아들일 것인가에 초점을 맞춘 대책을 발표한다. 그 대책은 얼마 후 잊히고 나중에 다시 식품 문제가 불거지면 또다시 대책으로 발표된다. 국민과 정부 사이에서 기업은 소비자들이 너무 민감해서 그렇다고 푸념을 한다. 정부 대책 실효성이 없다는 것을 알면서도 기업은 따라간다. 이것이 지금 우리나라 식품 관리 시스템의 현주소다. 과연 정부의 역할은 어디까지 일까? 모든 일을 정부가 주관해야할까?

1) 당사자로서 정부의 한계

종종 정부가 사회적 논의 이전에 이미 방향을 정하는 경우가 있다. 이렇게 되면 정부는 조정자가 아닌 이해당사자가 된다. 정부가 당사자로서 직접 개입하는 것은 여러 가지 측면에서 오히려 문제를 더 어렵게 만든다.

첫째, 식품안전의 불확실성에 대한 위험을 모두 떠안게 된다. 앞서 이야기한 것처럼 식품의 안전성을 100% 장담하는 것은 현실적으로 불가능하다. 발전하는 과학이 앞으로 어떤 문제를 일으킬지 알 수 없다. 마치 판도라 상자와 같다. 그렇다고 지적 탐구의 욕심과 건강에 대한 욕구로 추진되는 식품안전에 대한 과학적 연구를 막을 수도 없는 일이다. 만일 이를 막게 되면 오히려 은폐하는 정부로 비춰져 더 큰 혼란을 가져온다. 식품안전의 불확실성은 시한폭탄과 같이 피할 수 없는 일이고 관리가 중요하다. 정부는 민간영역과의 책임공유를 통해 위험을 분산시켜야 한다. 만일 이 책임을 정부가 모두 떠안게 되면 문제가 제기될 때마다 정부는 신뢰를 지속적으로 잃게 되고 나중에는 사실을 이야기해도 믿지 못하는 상황이 발생할 수 있다.

둘째, 생산자와 소비자 간의 합의도출에 장애가 된다. 자칫 잘못하면 양쪽으로 불만을 터뜨리는 대상이 될 수 있다. 가장 유능한 조정자는 자기 입장이 없는 조정자라는 말이 있다. 평소에는 생산자와 소비자에게 열린 자세를 보여 활발한 논의를 끌어가는 게 중요하다. 어차피 기업이 소비자를 이해하지 못하고 소비자가 기업을 이해하지 못하는 상황에서는 백약이 무효다. 서로를 이해하고 상생하려고 할 때만 모두가 원하는 식품안전 및 소비자보호를 달성할 수 있다. 정부가 이해당사자가 되어 특정 방향을 고집하게 되면 이해당사자간의 활발한 논의와 토론을 기대하기 어렵다. 그렇게 되면 소비자는 물론 생산자도 설득하기 어려워진다.

정부가 진짜 권위를 보이고 당사자로서 책임의식을 발휘해야할 때는 위기관리 상황이다. 이 때 정부가 소극적으로 보이면 국민은 믿을 곳이 없어진다. 평소 쌓아놓은 신뢰를 바탕으로 신속한 결정과 과감한 접근을 통해 상황을 정면 돌파해나가야 한다.

2) 정치적 영향력 최소화가 가능하다

정부가 당사자가 아닌 조정자의 역할을 하게 됨으로써 얻게 되는 가장 큰 장점은 정책결정에 미치는 정치적 영향력을 최소화할 수 있다는 것이다. 식품의 안전성 문제가 불거질 때 가장 많이 회자되는 말은 정치가 아닌 과학이라는 이야기다. 물론 식품안전은 과학의 문제다. 하지만 앞서 이야기한 것처럼 과학이 대답해줄 수 있는 것이 의외로 많지 않고 정작 사람의 판단이 관여할 여지는 의외로 크다. 식품안전은 이상적으로 가장 과학적인 문제지만 현실을 들여다보면 가장 정치적인 문제다.[59]

식품안전에 대한 정치의 악영향을 가장 잘 보여주는 사례는 광우병이다. 영국에서 광우병에 대한 문제제기가 있었을 때, 영국정부는 장관이 자기 딸에게 햄버거를 시식시키면서 아무런 문제가 없다고 했다.

그럼 정말 몰라서 그랬을까? 그 당시에도 민간전문가회의에서 인간광우병과 연계되어있다는 주장이 제기되었다고 한다. 다만, 그 때는 추정만 가능할 뿐 확실한 증거가 없었다. 그렇다보니 영국 정부는 농업에 미치는 영향을 우선 고려해 문제가 없다고 발표했던 것이다. 결국 영국 정부가 잘못된 판단을 한 것으로 판명되었고, 이로 인해 시작된 영국의 식품행정체계 개편작업에서는 최소한의 정치적 영향도 철저히 배제되었다.[60]

---

[59] 식품이 얼마나 정치적인 문제인가는 뉴욕대 식품영양학과 교수인 Marion Nestle의 저서《식품정치학(food politics, 2002), 안전한 식품(safe food, 2003)》에 미국사례를 중심으로 잘 설명되어 있다.
[60] 영국 정부의 식품행정체계 개편 작업은 당시 노동당 총리후보였던 토니블래어로부터 요청을 받은 교수 한명이 주도했으며, 정부의 영향력을 우려해서 정부의 예산지원은 한 푼도 없었다. 이후 설립된 식품안전기구는 정부로부터 독립되어 있다.

우리는 그런 상황에서 영국과 달리 정치적 유혹을 과감히 배제하고 국민건강만을 생각한 선택을 할 수 있을까?[61]

나. 규제 강화는 정답이 아니다

식품 문제가 이슈화되었을 때 만들어지는 대책의 대부분은 규제 강화다. 과거 불량만두소 사건에서도 그렇고, 최근 발생한 생쥐머리 새우깡 사건에서도 역시 규제강화가 최고의 식품안전대책으로 제시되었다. 언론에서는 물론 정치권에서도 우리 먹을거리를 지키기 위해 규제강화는 당연하다는 입장이다. 우리 식품사고는 과거 10년 동안 지속적으로 발생했다. 그 때마다 규제는 계속 강화되었다. 그런데 왜 여전히 식품사고가 계속 발생할까? 아직도 규제가 부족하기 때문일까?

1) 현실과 동떨어진 처벌 강화 대책

우리나라 처벌규정은 어느 정도 수준일까? 식품위생법이 맨 처음 도입된 1962년에는 위해식품을 판매하면 3년 이하의 징역에 처할 수 있었다. 이 규정은 1995년에는 5년 이하의 징역 또는 3천만 원 이하로, 2002년에는 다시 7년 이하의 징역 또는 1억 원 이하의 벌금으로 강화되었다. 2005년에는 그간 규정 강화에도 불구하고 실제 집행이 되지 않는다고 해서 일부 위반사항[62]에 대해 일정 형량 이상을 의무적으로 선고하는 형량 하한제를 도입하였다.[63] 처벌기준만 놓고 보면 가히 우리는 세계 최고의 국가다. 우리 식품위생법의 모델 국가인 이웃 일본

---

61) 요즘 한창 시끄러운 미국과의 쇠고기 협상을 보면 답이 나오지 않을까 싶다. 다만, 이 문제는 자칫 이 책의 초점을 흐릴 우려가 있어 가급적 다루지 않았다.
62) 식품위생법에 따라 질병에 걸린 동물이나 마황부자를 사용한 경우에는 1년 이상의 징역에 처하도록 하고 있다.
63) 위중한 식품안전범죄에 대해서는 보건범죄단속에 관한 특별조치법이 추가로 적용된다. 정부에서 정한 기준규격을 위반하여 식품을 제조한 경우로 건강에 현저히 해가 되는 경우에는 무기 또는 5년 이상의 징역에 처해진다. 이로 인해 사람이 죽게 되면 사형, 무기 또는 5년 이상의 징역에 처해진다.

에서는 같은 위반사항에 대해 아직도 우리의 1962년도 기준인 3년 이하의 징역에 처하도록 하고 있다.

실제 식품감시를 하는 공무원과 고발된 사건을 처리하는 법원은 이렇게 강한 기준을 적용하고 있을까? 공무원은 사회적으로 이슈화되거나 사람이 죽지 않는 한 형사처벌을 위해 고발조치 하는 것을 매우 기피한다. 가장 큰 이유는 대부분 피해가 별로 크지 않기 때문이다. 최근 문제가 된 생쥐머리 새우깡으로 건강상해를 입은 소비자는 아무도 없다. 식중독의 경우 책임소재를 명확하게 밝히기 어렵다는 이유도 있다.

법원도 마찬가지다. 설령 고발조치가 되어도 훈방 처분하는 경우가 많다. 피해가 크지 않은 반면, 그로 인해 영업자가 받을 처분은 과도하기 때문이다. 가장 많이 고발되는 것 중 하나가 떡볶이집 등과 같은 무허가 영업이다. 그런데 피해자가 없는 상황에서 생계를 위해 무허가 영업을 했다는 이유로 징역형이나 벌금형을 내리는 것을 매우 부담스러운 일이다. 다른 법률과의 형평성도 고려해야 한다. 고의성이 없는 상황에서 사회적 파장이 크고 국민감정이 격앙되어 있다고 해서 유사한 다른 법률 위반사항보다 강한 처벌을 할 수는 없다.

정작 현재 있는 식품규제들은 당초 제정 취지를 제대로 달성하지 못하는 경우가 많다. 식품업체가 법을 위반하면 영업정지, 품목제조 정지 등의 처분이 내려진다. 영업정지 대신 과징금을 내는 것에 대해 부정적인 분들도 많지만 그나마 그 경우는 처벌효과가 있다.

문제는 부정기적으로 공장을 가동하는 업체들이다. 계절식품의 경우에는 언제 영업정지를 하느냐에 따라 달라진다. 여름에 한창 판매하는 업체의 경우, 겨울에 영업정지를 받으면 원래 쉬는 기간이라 영업에 별다른 영향을 미치지 않는다. 한 달의 절반만 생산을 하는 공장들도 이런 편법을 쓸 수 있다.

법 자체도 모호하다. 똑 같은 행위에 대해 가장 엄한 처벌기준을 적용할 수도 있고, 완화된 처벌기준을 적용할 수도 있다. 공무원의 재량권이 매우 넓다.[64]

2) 기업의 발목만 잡는다

형사처벌 이외에 다른 규제 강화방안들은 어떨까? 정말 효과가 있을까? 불행히도 그런 경우는 많지 않은 것 같다. 그렇게 되는 이유는 간단하다. 식품사고의 원인과 무관하게 규제가 강화되기 때문이다. 최근 칼날조각이 참치 캔에서 발견되어 문제가 된 경우가 있었다. 정부는 이에 대한 대책으로 HACCP 제도를 중소기업까지 확대하겠다고 했다. 정작 칼날조각이 나온 그 회사는 지금 HACCP를 도입한 대기업이다. 원인과 맞지 않는 처방이다.

2008년 12월부터 김치공장에 대해 의무화하는 것도 비슷한 경우다. 과거 김치 기생충알 사건이 불거지면서 나온 처방이 김치공장에 대한 HACCP 의무화다. 정작 김치 기생충알 사건 당시 발견된 기생충알은 인체에 해가 없는 것으로 확인되었다. 김치 먹고 식중독 났다는 보고도 없었고, 김치는 발효식품으로 식중독균이 자랄 수 없어 다른 식품에 비해 더 안전한 식품이다. HACCP 의무화가 시행되면 시설 교체 등을 위해 더 많은 돈이 들어갈 테고 그 비용은 결국 우리 소비자가 지불해야한다. 그런데 왜 김치에 대해 HACCP를 의무화할까? 국민들의 식품 불안에 대해 정부에서 무언가 대책을 내놓아야한다고 생각하기 때문이다. 오히려 이런 비용은 식중독 발생가능성이 더 높음에도 HACCP 도입비율이 15.3%에 불과한 축산물가공업에 투입되어야 한다.

원인과 무관한 처방은 유사 식품사고의 재발로 소비자 불안을 심화시키는 것

---

64) 04년 6월 발생한 불량만두소 사건의 경우, 과거 불량 무자투리를 사용한 것에 대해 남양주시는 품목제조정지 15일, 구리시는 시정조치를 하였다. 유통기한 경과제품을 판매한 경우에도 '위생적 취급기준'을 적용하면 과태료 20만원, '영업자준수사항'을 적용하면 영업정지 15일이다.

은 물론 기업이 책임을 회피하고 수동적으로 대응하는 빌미가 된다. 식품사고 이후 원인과 무관하게 규제가 강화되면 기업은 향후 유사사고의 재발을 막으려 하기보다 정부가 또다시 규제폭탄을 투하했다고 하면서 불만을 터트린다. 나중에 또 사고가 발생하면 정부가 하라는 대로 다 했는데도 문제이니 그건 정부가 책임질 일이라고 한다. 결국 식품사고에 능동적으로 대처하기보다 정부에 불만만 터트리고 책임을 떠넘기려 한다.

현재 식품규제 중 가장 그럴듯해 보이면서도 별다른 효과가 없는 제도가 '자가품질검사' 다. 얼핏 들으면 기업이 스스로 품질관리를 해야 하니 당연하다고 생각할 수 있다. 문제는 기업이 자발적으로 하는 것이 아니라 정부가 강제하다 보니 보여주기식이 되어 버린다는 점이다.

자가품질검사가 얼마나 실효성이 없는지를 보여준 가장 대표적 사례는 두부다. 현재 두부의 검사항목은 성상, 고형분, 조단백질, 조지방, 중금속이다. 영업자가 나쁜 마음을 먹지 않고 생산한 정상적인 두부에서는 문제가 발생하기 매우 어려운 항목들이다. 정작 문제가 될 수 있는 미생물 기준은 없다. 그렇다보니 돈과 시간만 낭비한다. 2003년 2개의 두부조합에서 8,361만원을 받고 회원사들로부터 위탁받아 실시한 자가품질검사 결과, 부적합 제품은 없었다. 미생물 검사를 하는 식품의 경우, 해당 회사가 검사를 의뢰할 때 미생물을 죽이기 위해 제품에 알코올을 뿌린다고 한다. 영업자 입장에서 보면 자기 회사의 제품이 문제가 있다는 사실이 정부에 알려지면 주요 감시대상이 될 수 있기 때문이다. 검사기관도 그런 사실은 알지만 문제제기를 하지는 않는다. 그 회사가 검사의뢰를 해야 수수료를 받을 수 있기 때문이다.

다. 시장 기능을 최대한 활용하라

1) 정부는 태생적 한계가 있다.

정부는 민간기업과 달리 자유롭게 의사결정을 하고 신속하게 집행하는데 여러 가지로 태생적 한계를 가지고 있다.

첫째, WTO라는 제한적 환경 속에서 소비자의 다양한 요구를 소화하기 어렵다. 국가가 판매의 제한과 같은 규제를 할 수 있는 경우는 건강과의 관련성이 명백한 경우뿐이다. 영양이나 원산지 등 국민건강과 직접 관련이 없는 사항은 표시를 통해 시장에서 해결하도록 하고 있다. 이러한 원칙을 어기면 상대국으로부터 WTO가 인정하는 무역보복조치를 받게 된다.

예를 들어 학교급식의 우리 농산물 사용은 모든 국민이 원해도 현 상황에서는 당장 법제화할 수 없다. 미국이나 일본은 WTO 출범 당시 학교급식에 대한 자국 농산물 사용을 의무화할 수 있도록 양허조항을 만들었지만 우리는 안 했기 때문이다. 일단 협정이 맺어진 상태라 지금 바꿀 수는 없다. 나중에 상대국들이 동의해야 법제화가 가능하다. 만일 이를 어기고 우리 농산물 사용을 법제화하면 WTO 제소 대상이 된다.[65]

둘째, 정부는 정책추진에서 보수적일 수밖에 없다. 정책은 다면성(多面性)을 갖고 있다. 정책은 시행되었을 때, 기대했던 효과뿐만 아니라 예상하지 못했던 부작용이 나올 수도 있다. 그런 부작용은 정책을 시행하지 않는 것이 오히려 좋았을 정도로 치명적인 경우가 있다.

앞서 언급했던 학교급식에서 우리 농산물을 사용하자는 주장을 다시 한 번

---

[65] 국민정서에 따른 섣부른 대응은 국가 간 마찰을 초래한다. 김치 기생충알 사건으로 인해 우리 총리가 중국 총리에서 사과한 것은 되새겨볼 필요가 있다.

예로 들어보겠다. 일부 시민단체는 지방자치단체 조례에 우리농산물만 쓰도록 명문화하자고 한다. 이 주장대로 학교급식에 우리 농산물을 쓰게 되면 농민이나 학생 모두 좋으면서 별다른 문제가 없는 것일까?

그렇지 않다. 앞서 언급한바와 같이 일단 WTO가 문제가 된다. 우리 휴대폰 수출이 직접적으로 타격을 받을 수 있다. 그것만 문제가 되는 것이 아니다. 농민이 헐값에 납품하지 않는 한 학생이 급식비를 더 내야한다. 한우와 수입쇠고기처럼 우리 농산물은 수입 농산물보다 비싸다. 결국 학생이 급식비를 더 많이 내든지 아니면 우리 국민 모두가 세금을 더 내든지 해야 한다. 무작정 우리 농산물 사용을 의무화하면 결국 학생과 학부모가 피해자가 된다.

정책 추진 시 당초 기대했던 효과를 얻고 부작용을 최소화하려면 상당 기간의 정책검토가 필요하다. 국제적으로 가장 우수한 식품규제기관 중 하나인 호주의 식품안전기구(FSANZ)는 식품안전 기준 하나를 설정하는데 수년간의 검토를 거친다. 공식적인 의견 수렴도 수차례 실시한다. 물론 이렇게 설정된 기준은 오랫동안 그 효과가 발휘된다.

종종 사건이 터지고 언론에 밀려 정부가 성급히 대책을 발표했을 때, "아 그렇게 하면 되겠다."는 탄성을 나오게 하는 경우는 많지 않다. 아니 매우 드물다. 오래 묵은 포도주가 맛있듯이 좋은 정책은 상당 기간의 고민과 논의가 필요하다. 물론 정부가 기다리라고 할 때, 기다려줄 국민은 많지 않다. 정부가 가질 수 밖에 없는 한계다.

2) 기업과 소비자가 직접 해결하는 게 가장 좋다

자본주의는 생산자와 소비자가 시장 안에서 상호반응하면서 자율적으로 작동하는 시스템이다. 자본주의를 근간으로 하는 우리나라의 경제 환경 속에서 식품 역시 이러한 원리에 따라 움직인다. 제품의 맛이나 화려한 포장은 물론 신뢰할만한 기업이 만들었는지 여부도 시장에서 식품을 고를 때 중요한 요소 중 하나다.

가장 효율적인 식품안전 시스템은 정부가 최소한으로 관여를 하고 신뢰가 구축된 상황에서 기업과 소비자가 스스로 해결하는 시스템이다. 당사자들이 의지가 없고 상호 신뢰가 없다면 문제는 개선되지 않는다. 상호신뢰는 정부가 아닌 시장을 통해 형성되는 것이 가장 바람직하다.

정부는 시장이 실패했을 때 관여하면 된다. 이물과 같이 건강과 무관한 것에는 굳이 정부가 관여할 필요가 없다. 그런 문제는 시장에서 해결해야 한다. 오히려 국민건강에 심각한 위해를 미치는 식품테러, 수인성 및 인수공통감염증에 주도적으로 나서야 한다. 어린이나 노약자에게 치명적일 수 있는 기타 식중독도 중요한 문제다.

식품 문제는 정부가 아무리 적극적으로 하려해도 하기 어려운 경우가 많다. 올해 3월 뉴스에서 옥수수차에 식품첨가물을 많이 사용했다는 보도가 있었다. 소비자들은 식품첨가물에 부정적이다. 가장 손쉬운 방법이야 옥수수 수염차에 식품첨가물을 못 쓰도록 하는 것이다. 하지만 그 식품첨가물들이 위해하다는 증거가 없는 상황에서 정부가 사용을 금지하도록 할 수는 없다. 정부에서 할 수 있는 최선은 그런 첨가물들이 제품에 들어있다는 것을 표시하도록 하는 정책뿐이다.

결국 이 문제는 시장에서 해결될 것이다. 첨가물이 사회 이슈화되고 소비자의 요구가 높아지면 당연히 이 수요에 맞추려는 기업이 나온다. 그 기업은 진짜 옥수수수염으로만 제품을 만들고 첨가물이 없다는 것을 대문짝만하게 홍보할 것이다. 결국 선택은 소비자의 몫이다.

소비자가 직접 해결하기 위해서는 소비자에게 기업에 정당한 권리를 요구할 수 있는 제도적 장치를 부여해야 한다. 2006년 우리나라를 떠들썩하게 했던 학교급식 식중독에 대해 법원이 인정한 배상금은 10만원[66]이다. 변호사 수임료도 해결하기 어려운 금액이다. 이렇게 해서는 소비자들이 스스로 권리를 구제하기 위해 나설 수 없다. 식품규제기관이 직접 분쟁조정을 실시함으로써 기존 분쟁조정의 실효성을 높이고[67], 징벌적 손해배상의 개념을 도입하는 것도 검토할 필요가 있다. 거짓 사건을 만드는 블랙 소비자의 문제도 정부가 조정자로서 사건에 직접 개입해 법에 따라 처벌해야 한다.

라. 연구와 평가는 민간에 맡겨라

종종 식품안전은 국민건강의 문제이므로 정부의 기능을 대폭 강화해야한다는 주장을 듣곤 한다. 이런 주장은 부분적으로 맞는 경우도 있지만 일반화될 수는 없다.

국가의 역할이 중요한 일이라고 무조건 정부가 하던 시대는 지났다. 과거 전문인력이 부족하고 관련 인프라가 미흡했을 때는 불가피한 측면이 있었다. 하지만 지금은 정부가 해야 할 일과 그렇지 않은 일을 가려하는 것이 중요하다. 정부가 더 잘 할 수 있는 일은 정부가 하고 민간이 더 잘 할 수 있는 일은 민간에 넘겨야 한다. 정책결정이나 위기관리와 같이 정치적이거나 신속한 결정을 내려야 하는 경우에는 정부가 수행하는 것이 좋다. 반면 전문가들의 합의가 필요하거나 제3자의 검토를 통해 타당성을 검증할 수 있는 업무들은 민간에 맡겨도 무방하다.

---

66) http://www.hani.co.kr/arti/society/society_general/259452.html
67) 지금은 한국소비자원이라는 정부출연기관에서 하다 보니 조정의 강제력을 담보하기 어렵다.

1) 연구 활동

많은 분들이 연구 기능은 꼭 정부가 해야 하는 것으로 알고 있다. 심지어 대표적 식품안전기관인 식약청이 행정기관이 아니라 연구기관이어야 한다는 분들도 있다. 연구는 기본적으로 민간에서 하는 것이 바람직하다. 정부는 법률에 따라 정원을 제한받고 직원의 구조조정도 자유롭지 않아 빠르게 발전하는 과학 분야의 인력 수요를 충당하기 어렵다.

식품안전 분야에서 요구하는 과학 분야는 매우 광범위하다. 생물학, 독성학, 수의학, 식품공학, 식품화학, 식품가공학, 영양학, 의학, 원예학, 축산학, 수산학 등 생물과 관련된 대부분의 과학 분야는 모두 관련된다. 이렇게 광범위한 분야에 전문성이 있는 인력을 모두 공무원으로 고용하는 것은 현실적으로 어렵다. 설령 각 분야의 전문 인력을 모두 고용한다고 해도 해결되지 않는다. 식품 문제를 해결하는데 요구되는 전문성은 단순히 석·박사 수준이 아니다. 그 분야에서 지명도가 있는 권위자이어야 한다.

대학이나 정부출연연구소, 민간연구소를 최대한 활용하는 것이 현실적이다. 정부 공무원들은 그런 업무를 지원해주는 역할을 하는 것이 합리적이다. 국가마다 정도의 차이는 있지만 이런 흐름은 선진국에서 일반적이다. 심지어 영국이나 호주의 식품안전기관들은 아예 실험실 자체를 운영하지 않는다.

연구의 객관성을 우려하는 분들도 있는데 그것은 그리 큰 문제가 되지 않는다. 과학은 논리적이기 때문에 전문가들이 모여 검토해보면 위조 여부를 확인할 수 있다. 어떤 과학적 평가가 한두 개의 연구결과에 의존하지도 않는다. 외국에서도 관련 논문들이 나오기 때문에 다양한 비교평가가 가능하다.

오히려 민간에서 수행하면 정부가 하는 것보다 신뢰성을 더 높일 수도 있다. 정부가 직접 하면 자칫 책임 논란이 발생할 수 있어 비판적인 검토가 어렵다. 반면 민간이 하게 되면 정부가 연구 부실의 책임에서 좀 더 자유로워 적극적인 검토가 가능하다. 더군다나 소비자들은 정부연구기관보다 대학에서 수행한 결과를 더 신뢰한다고 한다. 정부가 할 이유가 없다.

2) 과학적 평가

식품의 안전성 평가는 민간위원회에서 하는 것이 바람직하다. 연구의 경우처럼 평가도 매우 광범위한 분야에 대한 전문지식을 필요로 한다. 정부 공무원만으로는 그런 내용을 파악하기조차 힘든 경우가 많다. 요구되는 전문성도 단순히 외국기관의 평가보고서를 이해하는 수준을 넘어 실제 그 평가의 한계까지 파악할 수 있는 전문가가 평가에 참여해야 한다. 그런 전문성을 가지려면 평소 관련 연구를 하고 있어야 한다.

평가는 효율성보다는 신뢰성이 더 중요하다. 정부에서 하면 신속한 결정을 내리기위한 기초자료로 활용될 수는 있지만 그 평가의 신뢰성을 확보하기 매우 어렵다. 정부의 의사결정 체계상 독립성을 확보하는 것도 매우 어렵다. 이런 이유에서 인지 소비자들도 일반적으로 정부의 평가보다는 대학교수 등 전문가의 평가를 더 신뢰한다. 그래서 정부에서 중요한 발표를 할 때는 꼭 대학교수님들을 앞세운다. 평가가 신뢰를 얻기 위해서는 관련 정보가 모두 공개되어야 하고 그 한계 또한 명확히 제시되어야 한다. 그래서 전문가들 사이에 그 평가 결과 자체에 대해서는 이견이 없도록 해야 한다. 우리는 이런 평가의 공론화 과정에 매우 익숙하지 못하다. 그런 이유는 크게 세 가지로 볼 수 있다.

첫째, 정부가 평가에 사용된 자료를 공개하지 않는다. 선진국의 경우 평가결과가 하나의 보고서로 제시되는 반면, 우리는 보도자료 수준으로 언급될 뿐이다. 선진국 보고서들은 평가에 참여하지 못한 전문가들도 검토할 수 있도록 참

고문헌 목록까지 제시한다. 그만큼 평가결과에 자신이 있다는 것이다.

둘째, 민간분야의 전문가들이 평가에 익숙하지 않다. 평가는 관련 연구결과를 종합해서 그 의미를 찾아내는 일종의 동료검사(peer review)다. 우리는 동료의 연구결과에 대한 평가에 매우 소극적이다. 전문가들 사이의 이견을 조정하고 이를 문서화 하는 작업도 미숙하다. 이러한 문제는 전문가들의 전문성이 떨어져서라기보다는 그간 이런 작업과정에 참여한 경험이 부족했기 때문이다. 과거 정부의 평가를 보면 주로 정부 과제에 참여하는 몇몇 분들이 주도를 하는 경우가 많았다. 그렇다보니 정작 본인의 전문성과는 다소 거리가 먼 분야의 평가에도 참여를 하는 경우가 있었다.

셋째, 민간 전문가의 평가에 대한 법적 뒷받침이 부족하다. 현재 정부에서는 다수의 평가 관련 위원회를 운영하고 있지만 모두 자문기구다. 그렇다보니 평가 결과가 정부의 결정에 영향을 미치는데 한계가 있다. 참여하는 전문가들도 굳이 자기 이름을 걸고 열심히 할 이유가 없다. 전문가 선정 기준도 상당히 자의적이다. EU의 경우 상당히 오랜 기간 동안 광범위한 논의를 통해 위원회를 구성한다. 그리고 위원회의 독립성 및 신뢰성 확보차원에서 선정된 위원의 과거 연구경력, 식품업체와의 이해관계 등이 법령에 따라 공개된다.

캐나다, 호주처럼 정부에 대한 국민의 신뢰가 높고 국토면적이 넓은 경우에는 정부에서 위해성평가를 주도한다. 반면 일본, 영국은 물론 EU까지 식품안전에 대해 불신을 경험한 국가들은 대부분 민간에서 위해성평가를 실시하도록 했다. 모든 정보를 공개하고 민간 전문가들이 합의하는 것처럼 강력한 설득도구는 없기 때문이다.

3) 안전기준 설정

　식품기준 설정도 민간위원회에서 하는 것을 검토할 필요가 있다. 식품안전에 대한 의사결정에서 가장 중요한 것은 소비자의 신뢰를 얼마나 확보하느냐 여부다. 소비자의 신뢰를 얻으면 설령 어려운 문제도 쉽게 해쳐나갈 수 있지만 그렇지 못하면 쉬운 문제도 전혀 예상하지 못한 방향으로 흘러갈 수 있다.

　밀실에서 결정된 경우에는 소비자나 사업자의 신뢰를 얻기 어려우며 이는 곧 정책의 실패로 연결된다. 투명성을 확보하기 위해서는 정보 공개를 요청한 경우에만 공개하는 소극적인 접근으로는 부족하며, 위해성 평가가 시작되는 단계에서부터 기준규격이 설정되고 집행되는 단계까지 각 단계별로 관련된 모든 정보가 적극적으로 공개되는 것이 매우 중요하다. 지금도 안전기준 심의를 위한 민간위원회를 운영하고 있지만 법적 구속력이 없는 자문위원회라 실효성이 별로 없다. 행정권한과 함께 책임도 함께 질 수 있는 행정위원회로 운영해야 한다.

　식품기준은 다른 정책과 달리 정부 내에서 비판적인 검토가 어렵다. 통상 정부의 정책결정에는 정부 내 견제메커니즘이 작동한다. 대통령령이나 부령을 만들려면 국무회의나 법제처의 심의를 거쳐야 한다. 그 과정을 통과하지 못하면 법제화가 되지 않는다. 따라서 어느 한 부처 소관 법령이라고 하더라도 정부의 다양한 시각이 반영된다. 일종의 필터링 작업이다. 하지만 안전기준에는 이런 정부 내 견제 메커니즘이 작동하지 않는다.

　우리나라의 경우 안전기준은 부령(部令)보다 급이 낮은 고시(告示)로 운영된다. 그렇다보니 국무회의를 거칠 필요도 없고 법제처의 심의도 연말에 몰아서 형식적으로 받는다. 설령 국무회의에서 논의를 하더라도 기준이 합리적인 것인지 판단할 전문성이 없다. 그렇다보니 종종 왜 법제화를 하는지 의문이 드는 사항들도 법제화된다. 예를 들어 식품공전을 보면, '기업에서 자체 기준을 만들어야 한다'는 규정이 있다. 구체적으로 어떤 것을 고려해서 만들어야 한다는 이야기도 없다. 현장에서 지켜질 지는 의문이다. 정작 우리가 인용한 외국의 규정은 일종의 품질규격으로 기업에 대한 강제성이 없다.

식품기준에 대한 견제장치의 부족은 민간위원회의 검토를 통해 해결될 수 있다. 영국, 호주, 일본, 캐나다의 식품안전전담기구의 명칭은 다양하다. 일본은 위원회라는 명칭을 쓰는 반면 영국과 캐나다는 에이전시(agency)라는 명칭을 쓴다. 하지만 최종의사결정은 모두 명칭에 상관없이 위원회에서 이루어진다.

마. 정부는 위기관리에 집중해야

연구나 평가와 같은 업무는 최대한 민간을 활용하고 정부는 위기관리에 역량을 집중해야 한다. 식품규제 업무 중 가장 중요한 것은 위기관리(crisis management)다. 위기관리에 성공하면 파장을 최소화할 수 있다. 하지만 실패하면 사소한 일도 큰 사건으로 비화된다. 과거 우리나라에서 발생해 사회적으로 엄청난 충격을 안겨줬던 대부분의 식품사고는 위기관리의 실패라고 해도 과언이 아니다. 포르말린 번데기, 불량만두소, 김치 기생충알 모두 마지막에는 인체에 무해한 것으로 판명되었다.

1) 위기관리는 불확실성 최소화부터

위기관리에서 가장 중요한 것은 불확실성을 최소화하는 것이다. 확실한 것과 불확실한 것, 문제가 없는 것과 문제가 있는 것을 신속하게 구분시켜야 한다. 불확실성을 최소화할수록 상황관리가 그만큼 쉬워진다. 불확실성이 커지면 곧 테러처럼 막연한 불안감에 휩싸여 그 파장이 걷잡을 수 없이 확대된다.

최소한 정부가 발표한 사실을 번복하는 일이 있어서는 안 된다. 잘못된 발표로 불필요한 혼란을 가져왔던 대표적 사례는 2004년 발생한 불량 만두소 사건이다. 6월 6일 경찰은 쓰레기로 버려지는 단무지 자투리를 만두소 제조에 사용했다고 발표했다. 6월 10일 해당 업체를 발표하라는 언론의 압박에 부담을 느끼던 정부는 추가 검증 없이 경찰에서 넘겨받은 식품업소 명단을 공개했다. 그런데 여기서 문제가 발생했다. 언급된 회사 중 상당수가 실제로는 문제의 만두소를 사용하지 않은 것으로 밝혀졌고 정부에 대한 신뢰가 크게 흔들렸다. 위기관리 원칙에 따랐다면 오히려 정직하게 "아직 불확실하다. 건강에는 문제없다"고 답했어야 했던 상황이다.

```
6월 6일 경찰, 언론에 '불량 만두' 사건 전모 발표
6월 10일 식약청, 비난여론에 불량만두 제조업체 명단 공개
6월 11일 취영루, 불량만두 무혐의
6월 13일 비전푸드 신영문 대표 한강 투신
6월 15일 심창구 식약청장, 만두조사 졸속 시인
6월 15일 동일냉동식품 · ㈜금홍식품, 불량만두 무혐의
```

하나의 식품사고가 발생하면 한 사람이 언론을 상대하는 것이 좋다. 그래야 위기관리의 기본인 일관성을 유지할 수 있기 때문이다. 하지만 최근 정부의 대응 모습을 보면 담당부서별로 책임자가 나와 브리핑을 한다. 같은 주제에 대해 여러 사람이 언론을 상대함으로 인해 중요한 흐름을 놓치거나 자칫 오해가 생길 수 있다. 정부에는 대변인 제도가 있다. 공무원들이 돌아가면서 맡는 것이니 전문성이 뛰어나지는 않겠지만 그래도 대언론 창구를 일원화하는 것이 좋지 않을까 싶다.

2) 소비자의 입장에서 대응해야

효과적인 위기관리를 위해서는 모든 것을 소비자의 시각에 맞춰야 한다. 식품안전에 대한 우려가 제기됐을 때, 소비자들이 가장 궁금해 하는 것은 대략 3가지 정도다.

첫째, 해당 제품이 얼마나 해로운지 여부다. 당장 건강에 나쁜 영향이 있는 경우와 건강에 별 영향이 없는 경우에 소비자가 느끼는 불안감은 다르다. 문제의 식품이 건강에 미치는 영향은 크게 4가지로 구분된다. 우선, 해당 식품을 섭취하면 당장 건강에 문제가 생길 수 있는 경우다. 식중독균이나 칼날과 같은 이물이 여기에 해당한다. 그 다음으로 가정에서 위해물질을 제거하기는 어렵지만 해당 식품을 섭취한다고 해서 당장 건강에 큰 영향이 있는 것은 아닌 경우다. 다이옥신이나 말라카이트 그린이 기준치를 초과해서 잔류한 수산물이 여기에 해당한다. 마지막으로 먹기에는 찜찜하지만 건강에 해가 될 가능성은 없는 경우다. 최근에 문제가 된 생쥐머리 새우깡이나 과거 문제가 되었던 불량만두소가 여기에 해당한다. 원산지 표시나 유기식품 표시를 속여 판 경우도 여기에 해당한다. 당장 건강에 문제가 생기는 경우에는 해당 식품을 섭취하지 않도록 홍보하는 것이 중요하다. 그 밖의 경우에는 해당 식품이 과학적으로 볼 때 건강에 문제가 없다는 것을 알려 안심시키는 것이 우선이다.

둘째, 그 제품을 확인할 수 있는 방법이다. 어느 회사에서 생산된 제품인지, 제품명과 제조일자는 정확히 어떻게 되는지 알려줘야 한다. 사진으로 해당 제품에 표시된 제품명의 위치나 제조일자를 알려주면 더욱 좋다. 최근 문제가 된 이물의 경우 아쉽게도 이런 정보는 제대로 알려지지 않고 있다. 오히려 왜 이물이 들어가게 되었는지에 집중했다. 그런 문제는 행정처분을 받게 될 해당업체에게는 중요한 문제일지 몰라도 소비자에게는 시급한 문제는 아니다. 오히려 그런 것에 초점을 맞춤으로써 가십거리를 제공해 불안을 더 증폭시키는 결과를 가져온 것 같다.

셋째, 해당 제품을 발견했을 때 처리방법이다. 단순히 폐기해야하는 것인지 아니면 해당 회사에 반품처리를 할 수 있는지를 알려줘야 한다. 소비자들은 내 권리를 어떻게 행사할 수 있는지 궁금해 한다.

회수율이 낮다는 이야기가 많다. 분명 회수를 했었는데 얼마 있으면 악덕 상인들이 다시 그 제품을 유통시킨다고 한다. 2005년 문제가 된 말라카이트 그린 오염중국산 장어가공품의 경우 수개월이 흐른 후 다시 시중에 유통돼 사회문제화 됐었다. 식품은 유통과정이 복잡하고 광범위하기 때문에 제조업체나 수입업체가 신문에 공고를 낸다고 해서 회수율을 높이기는 어렵다. 당장 건강에 해가 되는 제품에 대해서는 정부가 제조업체뿐만 아니라 유통업체에 대해서도 회수명령을 내릴 필요가 있다. 그래서 그런 제품을 판 유통업자도 법에 따라 처벌을 해야 한다. 현행 식품위생법을 보면 건강에 해가 되는 식품은 생산은 물론 유통·판매도 하지 못하도록 하고 있다. 생산자는 물론 유통판매자도 위반하면 처벌을 할 수 있다. 하지만 실제 회수제도를 운영하는 과정에서는 책임을 생산자나 수입자에게만 부과한다.

식품사고에 대응할 때는 반드시 Q&A를 제공했으면 한다. 일본이나 호주의 경우 일상적인 질문은 물론 전문가들이 궁금해 할 수 있는 모든 사항에 대해 Q&A가 제공된다. 반면 우리는 주로 보도자료 1-2장에 의존한다. 최근에는 제공되기도 하지만 단순히 과학적 사실을 열거하거나 정부 측의 시각만 제공하다보니 실효성은 그리 높아 보이지 않는다. 선진국에서는 너무 왜곡되었다 싶을 정도의 질문에 대해서까지 Q&A에 상세하게 설명되어 있다. 불필요한 논란이 발생하지 않도록 사전에 차단하는 것이 위기의 확산을 막는 길이기 때문이다.

3) 외교적 마찰과 테러의 위협

식품 관련 위기대응을 어렵게 하는 가장 큰 요인 중 하나는 외교적 마찰이다. 2003년 불량만두소 사건 이전부터 최근 새우깡의 생쥐머리까지 중국과의 마찰은 그 뿌리가 매우 깊다. 양국 정부기관간의 불신도 상당히 심각한 수준이다. 식품으로 인한 외교적 마찰은 비단 식품문제로만 그치지 않고 다른 경제 분야에 대한 보복조치로 이어질 수 있다. 2000년 마늘분쟁은 한중 수교이후 첫 무역 분쟁이었다. 국내산 마늘가격의 폭락을 막기 위해 수입마늘에 대해 긴급관세를 부과했다. 이에 대해 중국은 휴대폰 수입중단이라는 보복조치로 맞섰다. 과거 김치 기생충알 사건 당시 중국은 우리에게 화장품으로 무역보복의 신호를 보냈다.

외교적 마찰은 통상 뿐만 아니라 우리의 물가 및 식품산업의 원료 수급에도 큰 영향을 미친다. 2008년 일본에서 발생한 중국산 만두의 농약 검출 사건으로 중국산 제품에 대한 비난이 일자 중국정부는 식품안전관리 강화를 이유로 일본에 대한 식품원료 수출을 잠정 금지시켰다. 이로 인해 일본의 땅콩과자 회사들은 원료인 땅콩을 구할 수 없어 도산하기도 했다. 우리도 일본처럼 식량수급에 대한 중국의존도가 매우 높은 나라다. 우리가 수입국이라고 큰 소리만 칠 수 있는 입장은 아니다.

식품안전 문제로 인한 외교적 마찰이 앞으로 어느 정도일지는 상상하기가 쉽지 않다. 한미 FTA를 놓고 벌어지는 미국산 쇠고기 수입 논란이 그 정도를 가장 잘 보여준다고 할 수 있다. 현재 한미 FTA의 최대 쟁점은 쇠고기 수입이다. 설령 미국의 요구조건을 받아들여 수입을 허용한다고 해서 문제가 끝나는 것도 아니다. 그건 또 다른 문제의 시작일 뿐이다. 미국산 쇠고기의 안전성에 대한 논란은 국산 쇠고기의 우수성 주장과 맞물려 계속 될 것이고, 만일 미국에서 광우병이 확산된다고 하면 그 파장은 걷잡을 수 없을 것이다.

식품 테러에 대해서도 국가 차원에서 대비해야 한다. 일본에서 발생한 중국산 농약만두의 경우 양국 정부 간의 마찰로 최종 원인규명에는 실패했지만 중국 공장의 직원이 일부러 농약을 넣었다는 주장이 가장 설득력 있게 받아들여진다. 최근 사회에 대한 막연한 불신으로 범죄를 저지르는 경우가 늘고 있는데 식품에 대해서는 그러지 않을 거라는 보장은 없다. 식품은 다른 공산품과 달리 유통과정이 그대로 노출되고 유통부터 소비까지의 시간도 짧기 때문에 테러에 매우 취약하다. 9·11 테러를 경험한 미국을 비롯해 선진국에서는 그동안 많은 준비를 해왔다. 우리는 어떻게 하고 있는지 걱정스럽다.

바. 가장 중요한 것은 평소에 쌓아놓은 신뢰

위기관리는 사고가 났을 때만 하는 것이 아니다. 평소에도 이루어져야 한다. 평소에 소비자들에게 정부의 식품안전관리는 믿을 수 있다는 신뢰를 쌓아야만 사고가 났을 때 손쉬운 위기관리가 가능하다.

1) 소비자를 직장상사 대하듯이

정부기관에서는 '소비자 교육'이라는 말을 참 많이 쓴다. 물론 음식을 먹기 전에는 손을 씻어야 한다든지 기본적인 위생수칙은 교육을 할 필요가 있다. 그런데 종종 그런 일상적인, 보편적인 경우가 아니라 식품의 안전성을 인식하고 판단하는 것까지 교육하려고 하는 것 같다. 식품안전에 대한 소비자의 인식이 강요한다고 될 일도 아닌데, 과학이 그만큼 확실하지도 않은데, 너무 자신감에서 비롯된 것이 아닌가, 자칫 소비자의 반감과 불신만 더 키울까 우려 된다.

회사에서는 직장상사의 결정을 필요로 하는 많은 일들이 있다. 많은 경우 실무자가 직장상사보다 더 잘 안다. 하지만 그렇다고 해서 상사를 '교육'한다고 말하지는 않는다. 대신 '보고'한다고 이야기한다. 소비자도, 정부기관이 소비자를 직장상사처럼 대해주기를 바라지 않을까? '교육'이라는 말보다는 '정보제공'이라는 용어가 더 맞는 용어다.

2) 현실적 안전으로 소비자 마인드가 바뀌어야

지금 정부가 가장 먼저 소비자의 양해를 구해야 할 부분은 ??현실적 안전??에 대한 동의다. 우리나라는 현실적 안전을 인정하는데 매우 인색하다. 현실적 안전이 식품의 위기관리에서 왜 필요한지를 가장 잘 설명할 수 있는 사례는 2005년 발생해 우리나라를 떠들썩하게 했던 말라카이트 그린 사건이다.

7월 정부는 발암우려물질인 말라카이트 그린이 검출된 중국산 장어를 모두 폐기한다고 발표했다. 중국 정부에서는 문제제기를 했지만 우리 내부적으로는 별다른 동요 없이 지나갔다. 그러다 10월에 국내산 송어 등에서 말라카이트 그린이 검출되면서 사회적으로 엄청난 파장을 일으켰다. 양식어민들이 보상을 요구하고 장어구이를 판매하는 음식점들은 폐업을 하거나 업종을 전환했다. 이 와중에 해수부 공무원이 과로로 순직하기도 하였다. 결국 우리 총리가 중국 총리에게 성급한 대응이라고 사과하기도 했다.

그렇다면 선진국에서는 이 문제에 어떻게 대응했을까? EU는 말라카이트 그린의 독성 문제가 제기된 2001년부터 1년 넘는 논의를 거쳐 2002년 수산물 양식에 말라카이트 그린의 사용을 금지했다. 이 과정에서는 연어생산에 주력하는 스코틀랜드의 사정도 고려되었다. 일본은 2003년부터 사용을 금지하되 당장 금지하면 산업에 미치는 파급효과가 크다는 시각에서 알과 어린 물고기에 대해서는 2005년 7월까지 사용을 허용하였다. 2005년 같은 시기에 우리처럼 말라카이트 그린에 오염된 중국산 장어제품이 수입되었을 때 일반 후생노동성은 오염

농도가 매우 낮아 설령 해당 제품을 먹었어도 건강에 아무런 해가 없다고 발표하였다. 일본은 우리와 달리 큰 사회적 동요는 없었다.

외국에서 금지하니 당연히 나오면 안 된다는 시각에서 별다른 평가절차나 우리 어업의 현실을 고려하지 않고 바로 위해물질로 지정해버린 우리 정부와 1년 넘게 논의를 한 EU, 유예기간을 두고 단계적으로 금지하는 일본과는 상당한 차이가 있다. EU나 일본은 말라카이트 그린은 동물에게는 발암성이 있는 것으로 확인되었지만 사람에게는 어떤 영향을 미칠지 불확실하다는 과학적 근거에 입각해 차분하게 대응했다. EU나 일본이 이렇게 침착할 수 있었던 것은 당장 건강에 해가 되는 것이 아닌 상황에서는 당황하기보다 과학적 평가결과를 바탕으로 위험을 제거하는 것이 모두를 위해 좋다는 공감대가 사회적으로 형성되어 있기 때문이다.

5. 식품안전기능 통합은 개혁의 출발점

5. 식품안전기능 통합은 개혁의 출발점

가. 지금 상태로는 안 된다

여러 부처가 식품규제 업무를 맡고 있어 식품 문제에 대해 정부가 효율적으로 대처하기 어렵다는 것은 이미 잘 알려진 사실이다. 언론에서도 식품사고가 날 때마다 이 문제를 제기했었다. 조직개편에 부정적인 분들은 "여러 기관이 맡고 있다고 해서 꼭 문제가 될 것은 없다. 기관간 잘 협력하면 된다"고 이야기 한다. 정말 얼마나 복잡한 것일까? 그리고 왜 문제가 되는 것일까?

1) 현행 업무분장

통상 우리나라의 식품규제업무는 5개 부처가 담당한다고 한다. 5개 부처에는 보건복지가족부, 농림수산식품부, 환경부, 기획재정부, 교육과학기술부가 포함된다.[68] 말이 5개 부처지 실제로는 복지부와 농식품부로 양분되어 있다고 보면

---
68) 과거에는 7개 부처였으나, 천일염 관리가 산자부에서 식약청으로 넘어가고 이명박 정부 출범 초기에 농림부와 해양수산부가 통합되면서 5개 부처로 축소되었다. 식약청이 빠진 이유는 부처에 해당되지 않기 때문이다. 다만, 정부 발표를 보면, 식약청은 차관급 청이라도 전체 식품안전에서 차지하는 비중이 매우 커서 복지부 옆에 괄호로 표시한다. 식약청과 같이 독립외청인 농진청의 경우도 농약사용 승인을 하는 등 식품안전에 관여는 하고 있지만, 그 비중이 상대적으로 작아 통상 별도 표기는 하지 않는다.

된다. 다른 부처들이 맡고 있는 업무는 이들 부처에 비하면 상대적으로 작다.

복지부와 농식품부 간 업무분장을 설명할 때는 통상 아래 그림을 사용한다. 농수축산물의 재배 · 사육 · 양식 단계는 모두 농식품부가 관장한다. 반면 수입 · 가공 · 유통 · 소비단계는 식품의 종류별로 두 부처가 분담하고 있다. 농산식품의 경우 모든 단계에서 복지부가 담당한다. 수산식품은 광어나 동태포와 같이 가공되지 않거나 단순가공된 것을 수입하는 경우에는 농식품부가 담당하고 그 밖의 수산식품은 복지부가 담당한다. 축산식품은 유통단계까지는 농식품부가, 소비단계는 복지부가 담당한다.

구 분		재배 사육 양식 등	수입		국내가공	유통 (보관/운반 등)	소비 (식당, 백화점 등 최종판매 단계)
			비·단순 가공	고차 가공			
농산 식품	정책	농식품부	복지부 / 식약청				
	지도 단속	농식품부 / 지자체	식약청			식약청 / 지자체	
수산 식품	정책	농식품부	복지부 / 식약청				
	지도 단속	농식품부	농식품부	식약청		식약청 / 지자체	
축산 식품	정책	농식품부	농식품부 / 식약청 (유해물질 간류기준)				복지부
	지도 단속	농식품부 / 지자체	농식품부			농식품부 / 식약청	식약청 / 지자체

그렇다면 이 업무분장 원칙만 알고 있으면 시중에 유통되는 식품이 어느 부처 소관인지 쉽게 판단할 수 있을까? 불행히도 그렇지 않다. 이 그림은 너무나 복잡한 우리 행정체계를 설명하기 위해 단순화한 자료일 뿐이다. 과거 경험을 보면, 책상 앞에서 찾는 것보다는 현장에서 더 많은 사각지대가 발견된다. 여기서는 필자가 알고 있는 몇 가지 사례를 들어 현재 업무분장의 복잡성을 설명하

고자 한다.

> 사례 1. 농산물을 농장에서 싣고 운반하는 경우, 어느 부처의 소관일까?

그 답은 그 차를 운전하는 운전사만 알고 있다. 만일 그 차에 실린 농산물이 경매를 위해 도매시장으로 가고 있다면 농식품부 소관이다. 반면 할인점으로 가거나 차에서 직접 소비자에게 판다면 복지부 소관이다.

> 사례 2. 식품을 보관하고 있는 냉동 창고의 관리는 어느 부처 소관일까?

보관하고 있는 식품에 따라 다르다. 축산식품과 수산식품이면 농식품부 소관이고 기타 식품은 복지부 소관이다. 실제로는 두 부처의 관리를 동시에 받는다. 냉동창고 회사들이 효율적인 운영을 위해 한 종류의 식품만 보관하지는 않기 때문이다. 그나마 수산식품과 축산식품의 냉동창고 관리 법령은 달라 농식품부 내에서도 소관 부서가 나뉜다.

> 사례 3. 축산식품은 모두 농식품부의 소관일까?

아니다. 농식품부는 축산물가공처리법에서 별도로 정한 품목만 담당한다. 그 밖의 축산식품은 복지부 소관이다. 그렇다보니 대표적인 축산식품이라고 생각되는 것들을 농식품부가 아닌 복지부가 맡고 있다. 예를 들어 식육함량이 90%는 족히 넘을 족발은 복지부 소관이다. 닭튀김도 마찬가지다. 꼬리곰탕 통조림도 마찬가지다. 반면 소시지는 이보다 식육함량이 작아도 축산물가공처리법 소관 품목 리스트에 있어 농식품부 소관이다. 정확한 농식품부 소관 품목은 축산물가공기준 및 성분규격이라는 고시를 봐야 알 수 있다. 과거에는 식품의 유형이 103개까지 됐었는데 그 이후 102개로 줄었고 규제합리화 차원에서 유형 수가 줄면서 다시 90여개로 줄었다.

이렇게 복잡하다보니 중앙부처는 물론 집행업무를 담당하는 지자체에서도 자기 소관을 잘 모르는 경우가 많다. 특히 지자체는 농식품부 소관 업무는 시·

도, 복지부 소관 업무는 시·군·구에서 담당하고 있어 그 혼선이 가중된다. 그렇다보니 과거에는 한 업체가 같은 품목을 시·군·구에도 신고하고, 시·도에도 신고를 한 경우도 있었다.

사례 4. 할인마트에서 파는 소시지에 대한 안전기준은 누가 정할까?

명확하지 않다. 소시지는 가공기준 및 성분규격을 농식품부에서 정하는 대표적인 품목이다. 그런데 농식품부는 가공공장까지만 담당한다. 이후 유통·소비 단계는 복지부 소관이다. 따라서 할인마트는 복지부 소관이다. 적용 법률도 다르다. 농식품부는 축산물가공처리법을 적용하고 복지부는 식품위생법을 적용한다.

사례 5. 음식점에서 판매되는 잡탕찌게는 어느 부처 소관일까?

그동안 언론에서는 다원화의 가장 대표적인 사례로 잡탕찌게를 소개했었다. 안에 있는 고기는 농식품부, 야채는 복지부라고 했다. 그런데, 이런 설명은 사실 잘못된 것이다. 음식점에서 판매되는 모든 품목의 안전은 복지부 소관이다. 물론 원료가 문제인 경우, 복지부가 농식품부에게 생산단계 관리가 문제라고 이야기할 수 있다.

사례 6. GMO, 유기식품의 소관부처는 어떤 원칙에 따라 구분될까?

지금까지는 생산단계는 농식품부, 가공·유통·소비단계는 복지부가 담당하되, 품목별로 조금씩 다르다는 원칙에 따라 업무분장을 설명하였다. 그런데 GMO, 유기식품으로 가면 가공식품은 복지부, 가공되지 않은 식품은 농식품부라는 앞서 언급했던 원칙과는 또 다른 원칙이 적용된다. 이에 따라 비가공식품[69]의 GMO와 유기표시는 농식품부, 가공식품 표시는 복지부가 담당한다.

최근에는 유기가공식품 인증제를 농식품부에서 관장하도록 하게 되면서 이

---

69) 어떤 것이 가공식품인가도 논란거리다. 여기서는 설명을 쉽게 하기 위해 비가공과 가공으로 구분했지만, 실제 도정과 같은 가공과정을 거친 쌀은 단순가공이라고 해서 여기서 말하는 가공이 아닌 비가공식품에 포함된다.

변형된 원칙이 또 다시 변형되었다. 소관부처가 둘로 나뉘다보니 용어도 다르다. 복지부는 유전자재조합식품, 유기가공식품을 쓰는 반면, 농식품부는 유전자변형농산물, 친환경농산물이라는 표현을 쓴다. 용어가 다르듯이 그 철학도 다르다.

사례 7. 식품의 원산지 표시는 복지부 소관일까?

얼마 전 이물질 사고가 난 새우깡의 경우 반가공 원료를 중국에서 수입한 것으로 알려지면서 반가공 원료도 원산지를 표시해야한다는 여론이 높았다. 이에 따라 복지부에서는 앞으로 반가공 원료의 원산지도 표시하겠다고 했다. 정작 가공식품의 원산지 표시는 복지부나 식약청 소관이 아니라 농식품부 소관이다. 향후 농식품부와 관련 법령을 개정하지 않으면 그 제도는 실행되기 어렵다.

원산지 표시라고 해서 다 농식품부 소관도 아니다. 음식점에서의 원산지 표시는 복지부 소관이다. 음식점에서 한우 원산지 표시가 시행되고 있는데, 식육을 갖다 주는 유통업자는 농식품부 관리대상이고 음식점은 복지부 관리대상이다. 최근에는 미국산 쇠고기 파동을 계기로 농식품부가 식당에 대해 점검을 함께 하도록 업무가 조정되었다. 여기에 또 다른 예외가 있다. 음식점의 수족관에 진열된 광어나 우럭의 원산지는 수산물이라는 이유로 농식품부에서 담당하고 있다.

지금까지 복지부와 농식품부 간 업무분장이 얼마나 복잡한지 몇 가지 사례를 들어 이야기했다. 사실 이 보다 더 심각한 분야는 학교급식이다. 지금까지 설명한 경우에는 복지부와 농식품부 간에 서로 업무가 구분되지만 학교급식은 복지부와 교육과학기술부간 업무 구분 자체가 모호하다.

과거에는 학교급식시설도 모두 복지부 소관의 식품위생법 적용을 받았다. 복지부가 주관부처이고, 교과부는 급식시행자였다. 그런데 CJ 급식사고와 함께 학교급식법이 전면 개정되면서 이런 원칙이 깨졌다. 이제는 학교급식에 식자재를 납품하는 영업장도 교과부에서 감독할 수 있다. 물론 복지부도 여전히 감독권한을 갖고 있다. 정부기관 입장에서는 권한이 확대되어 좋을지 몰라도 중복점검으로 인해 과도한 규제가 생긴다. 뿐만 아니라 행정력 낭비는 물론 책임소재도 모호해진다.

2) 다원화는 불필요한 문제 양산

식품규제기관의 다원화는 단순히 정부 운영의 비효율성을 증가시키고 식품관리를 어렵게 하는 차원을 넘어 그 자체가 소비자의 불안을 가중시키는 새로운 요인으로 작용한다. 다원화로 인한 가장 큰 문제점 몇 가지만 살펴보자.

첫째, 다원화된 식품시스템은 소비자의 불안을 부채질한다. 식품안전관리에서 제일 중요한 일은 일사불란한 위기관리다. 사소한 논란도 잘못다루면 사회적으로 큰 파장을 미치는 반면 큰 문제도 슬기롭게 대응하면 사회적 파장을 최소화할 수 있다. 우리나라는 불량만두소 경우처럼 사소한 문제가 크게 사회 문제화 되는 경우가 많다.

위기관리에서 제일 중요한 것은 정부가 신속하고 일관성 있게 대응하는 모습을 국민에게 보여주는 것이다. 불안한 국민 입장에서는 정부가 빠르게 대응해서 상황을 장악해나가는 것을 보면 덜 불안해진다. 소관부처가 여럿으로 나뉘면 일단 국민들이 보기에는 뭔가 우왕좌왕 하는 것 같은 인상을 준다. 정부 내에서 다른 목소리가 나올 우려도 있고, 그걸 조율하다보면 그만큼 대응 타이밍을 놓칠 위험도 커진다.

둘째, 다원화된 시스템은 추적조사와 제품회수에 장애가 된다. 식품사고가 나면 우선 더 이상의 피해자가 없도록 빨리 해당 제품의 회수조치를 취해야한다. 뿐만 아니라 사고의 원인을 조속히 파악하고 향후 재발하지 않도록 대책을 마련해야 한다. 다원화된 행정체계는 이런 기본적인 업무 처리를 어렵게 만든다. 2008년도 초반 이탈리아산 모짜렐라치즈가 다이옥신에 오염되었다는 해외 뉴스가 있었다. 이 제품의 유통실태 파악을 위해 식약청과 농식품부 소속 수의 과학검역원 직원이 함께 나가야 했다. 식약청은 유통업소를 담당하고 검역원은 해당 식품의 수입검사를 했기 때문이다.[70] 바로 옆 사무실이라고 해도 정보가 잘 전달이 안 되는데 부처가 다르다면 정보 전달 속도가 늦어진다. 그만큼 추적조사나 회수까지 걸리는 시간도 길다.

셋째, 다원화된 식품규제시스템은 담당공무원들의 일 하겠다는 의지를 꺾는다. 지금은 식품의 종류는 물론 그 식품이 생산부터 소비까지의 유통과정 중 어느 단계에 있느냐에 따라 소관부처가 달라진다. 그렇다보니 상대 기관 소관 품목이나 단계에 대해 문제를 제기하기 어렵다. 식품사고가 발생한 경우는 더 심각해진다. 어느 부처 소관 품목이냐, 생산·유통단계가 문제였느냐에 따라 책임소재가 가려지기 때문이다. 과거 김치 기생충알 사건의 경우에도 기준이 없었기 때문이라는 농림부 장관과 생산단계에서 관리가 소홀했다는 식약청장간 논쟁이 있었다.

나. 통합은 전 세계적 흐름

식품규제기관의 다원화는 과거 선진국에서도 있었던 현상이다. 차이가 있다면 그들은 광우병 파동 등을 계기로 대폭 정비를 했다는 것이고 우리는 그대로

---

70) 분유에서 이물질이 나왔다는 소비자 신고가 있을 때도 마찬가지였다. 분유는 농식품부 소관이지만, 분유가 우유로만 만드는 것이 아니라 식약청 소관 농산물도 사용한다. 유통업소에서 상한 우유를 발견한 경우도 두 기관 모두 나가야 한다. 유통업소에서 온도관리를 잘못했는지는 식약청이 확인할 수 있고, 우유가 제조과정에서 문제였다면 수의과학검역원이 해결해야한다.

라는 점이다.[71] 언론에서는 일원화라는 용어를 사용하지만 식품규제 업무가 완전히 일원화된 나라는 매우 드물다. 대부분 자국의 정치·사회적 특성을 반영하면서 최대한 식품규제 업무를 한 기관으로 통합하고자 했다.

1) 기본원칙

Codex에서는 식품기구의 통합 및 운영과정에서 반영되어야 할 원칙[72]으로 위해성 분석(risk analysis), 농장에서 식탁까지(from farm to table), 규제영향평가(regulatory impact analysis), 투명성(transparency), 4가지를 제시하고 있다. 식품기구 통합작업을 하는 선진국들은 모두 최대한 이 원칙을 구현하고자 했다.

가) 위해성 분석

위해성 분석(risk analysis)은 식품의 위해에 대해 과학적 증거를 바탕으로 체계적으로 잘 대응해야한다는 원칙이다. 위해성(risk)[73]은 식품의 위해 요소(hazard)가 건강에 나쁜 영향을 끼칠 수 있는 가능성과 그 영향의 크기에 따라 변하는 함수다. 위해요소(hazard)는 건강에 악영향을 미칠 수 있는 식품의 성질이나 식품에 들어 있는 생물학적, 화학적 또는 물리적 인자다.

위해성과 위해요소간의 관계는 이렇게 생각하면 쉽게 이해할 수 있다. 한손

---

71) 선진국 중 미국은 여전히 다원화된 시스템을 운영하고 있다.
72) Codex에서 발간된 다음 3권의 보고서를 보면, 좀 더 깊이 있게 이해하는데 도움이 된다.
① Application of Risk Analysis to Food Standards Issues, a Joint FAO/WHO Expert Consultation, Geneva, Switzerland, 13–17 March 1995,
② The Application of Risk Communication to Food Standards and Safety Matters, a Joint FAO/WHO Expert Consultation, Rome, Italy, 2–6 February 1998,
③ Risk Management and Food Safety, a Joint FAO/WHO Consultation, Rome, Italy, 27 – 31 Jan 1997
73) Risk는 식품안전 분야는 물론 환경, 토목, 금융 등 매우 많은 분야에서 사용되는 개념으로 위험, 위험도, 위해도 등으로 표현되기도 한다.

에 농약병을 들고 있다고 치자. 농약 자체는 분명 건강에 해로운 위해물질, 즉 위해요인이 된다. 하지만 우리가 농약병을 들고 있다고 해서 꼭 해를 입는 것은 아니다. 아직 위해성은 제로다. 하지만 우리가 농약병에서 농약을 따라 사과나무에 뿌리게 되면 그 때부터 위해가 발생할 가능성, 위해성이 높아진다. 우선 사과나무에 농약을 분무할 때 그 농약을 들이마실 수 있다. 또한 사과에 뿌려진 농약이 남고 이걸 먹은 소비자가 암에 걸릴 수도 있다. 사과에 남은 농약이 아주 미량이라면 건강에 문제가 없지만 과량이 남아 있다면 그 사과로 인해 건강에 문제가 생길 확률이 그만큼 높아진다. 다시 말해 위해성이 그만큼 커진다.

위해성 분석은 그림과 같이 위해성 평가, 위해성 관리, 위해정보교류의 3가지 요소로 구성되어 있다. 위해성 평가(Risk Assessment)는 식품섭취로 인한 악영향을 과학적으로 평가하는 일이다. 위해성 관리(Risk Management)는 위해성 평가 결과에 기초하여 정책적 대안을 비교·검토한 후, 적절한 관리방안을 선택?집행하는 일이다. 위해정보교류(Risk Communication)는 위해성 분석에 참여하는 각 구성원 사이에 정보와 의견을 원활하게 교류하는 것을 말한다.

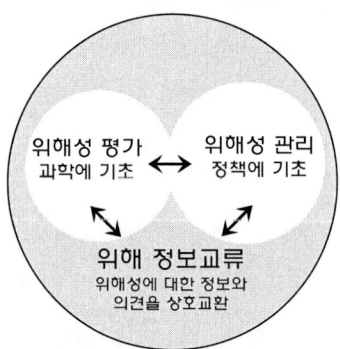

출처 : WHO (http://www.who.int/foodsafety/micro/riskanalysis/en/)

나) 농장에서 식탁까지

농장에서 식탁까지(from farm to table)는 효율적인 식품안전관리를 위해서 식품의 생산부터 소비까지 통합적인 관리가 필요하다는 원칙이다. 식품이 생산·가공·유통·조리·판매 단계 중 어디 있느냐에 상관하지 말고, 농산물인지 수산물인지 상관하지 말고, 식품안전과 관련된 것은 모두 묶어서 관리해야한다는 것이다. 여기에는 식품은 물론 가축을 기르는데 사용되는 사료, 농자재 등 모든 것이 포함된다.

과거에는 각 품목이나 생산·유통단계별로 정해진 기준을 지키면 된다고 생각했었다. 주로 식품의 중량을 속여 팔기 위해 모래나 물을 넣기도 했고, 심지어 먹어서는 안 되는 공업용 화학물질을 넣기도 했다. 그렇다보니 식품영업자가 그런 행위를 하는지 여부가 중요 관리 대상이었다. 식중독 관리도 주로 전염병 예방 차원에서 이뤄졌다. 그렇다보니 질병이 있는 가축은 도축장에서 관리하면 되고 식품공장이나 식당에서는 종업원의 보균 여부 정도를 관리하면 된다는 시각이었다. 이러한 정책은 위해요소중점관리기준(HACCP)과 이력추적제 도입 등을 계기로 큰 전환점을 맞는다.

위해요소중점관리기준은 좀 더 안전한 식품을 생산·유통시키기 위해, 기본적인 위생관리를 전제로 위해발생 원인을 찾아 제거하거나 일정 수준이하로 통제하는 관리방식이다. 위해요인은 조리온도에서부터 식재료의 품질까지 다양하다. 작업장 내에서 발생하는 위해요인은 작업장 스스로 관리가 가능하다. 그런데 원료에서 발생하는 문제는 작업장만의 노력으로는 해결이 어렵다. 설령 해결을 하더라도 많은 비용이 들어간다. 반면 전단계의 공장이나 농장에서 미리 신경을 쓰면 관리도 쉽고 비용도 훨씬 적게 들어간다.

GMO는 안전성 논란과 별도로 소비자의 알권리와 식품선택권에 대한 인식을 강화시켰다.[74] 일정 함량 이상의 GMO가 혼입된 경우에는 GMO가 들었다는 표시를 해야 한다. 이를 시험분석을 통해 확인할 수도 있지만 없는 경우도 많다. 최근 관심이 많은 쇠고기의 원산지 표시도 마찬가지다.[75] 그렇다보니 식품의 이력을 관리하는 것이 중요하게 되었다. 관리 대상의 이력의 주된 내용은 주로 농장단계에서 어떻게 관리되었고 생산되었는가 하는 점이다. 이력추적제는 안전성에 문제가 있는 제품을 회수할 때도 활용된다.

다) 규제영향평가 및 투명성

규제영향평가(regulatory impact analysis)와 투명성(transparency) 원칙은 일반적으로 자주 언급되지는 않지만 효율적으로 식품을 규제하고 식품에 대한 소비자의 신뢰성을 확보하는데 있어 매우 중요한 원칙들이다.

식품규제는 국민건강을 명분으로 해서 강화 일변도로 흘러가기 쉽다. 그러다 보면 정확히 어떤 효과가 있을지는 모르지만 그래도 안하는 것보다는 낫지 않겠느냐는 방식으로 정책이 결정된다. 이런 부작용을 방지하기 위해 Codex에서는 규제영향평가를 통해 기대효과와 비용을 함께 고려하면서 합리적인 규제를 설정하도록 권고하고 있다.[76] 우리나라는 다른 나라에 비해 유독 식품규제는 강화되어야 한다는 고정관념이 강하다. 그렇다보니 비용만 많이 들고 정작 식품안전이나 소비자 보호 수준의 개선 효과는 매우 미미한 경우가 적지 않다.

---

74) GMO 표시제의 구체적인 내용은 앞의 40p에 소개되어 있다.

75) 이력추적제는 원산지를 중심으로 운영되는 제도이며 유기농산물, 가축의 항생제 사용 정보 등 주로 농장에서 어떻게 생산되었는가에 초점을 맞추고 있다.

76) 호주의 경우, 정책개발이 규제영향평가라는 기본 틀 안에서 이루어진다. 모든 보고서에서는 복수의 정책대안을 제시하고 이에 따른 비용과 효과를 명시한다. 그러다보면 종종 효과에서는 큰 차이가 없지만 비용이 훨씬 들어가는 방법을 찾을 수 있다. 때에 따라서는 효과는 좋지만 너무 비용이 많이 들어 배보다 배꼽이 더 커지는 경우도 나올 수 있다.

투명성은 소비자의 신뢰를 확보하기 위해 필요하다. 과학이 모든 답을 주지 않는 상황에서 결국 판단은 사람의 몫이다. 그런데 이 판단과정에서 정치적인 동기가 개입된다면 때에 따라 아주 잘못된 판단이 나올 수 있다. 영국의 광우병 사례가 대표적이다. 당초 일부 과학자를 중심으로 광우병이 사람에게 발생하는 변종 크로이츠펠트 야콥병의 원인이라는 주장이 있었다. 그러나 당시 영국 농업부는 축산업에 미칠 파장을 우려해서 광우병과 변종 크로이츠펠트 야콥병은 무관하다고 발표하였다. 이 판단은 잘못된 것으로 밝혀졌고 결국 보수당 정부는 정권을 잃었다.

2) 외국사례
가) 통합정도별

다수의 선진국들은 90년대 중반부터 식품행정체계를 전면 개편하였다. '농장에서 식탁까지'나 '위해도 분석'과 같은 식품규제의 4대원칙을 최대한 구현하고자 했다는 점에서는 동일하나, 각국의 정치·사회적 환경 차이로 인해 통합의 정도나 방향에서는 상당한 차이가 있다. 미국 감사원이 자국의 행정체계 개편 필요성을 주장하기 위해 조사한 7개 선진국 사례와 일본, 프랑스, 미국 사례를 정리해보면 아래 표와 같다.

10개국의 식품행정체계는 (1)전면적으로 통합한 경우, (2)기능별로 부분 통합한 경우, (3)과거와 같이 분산된 체계를 그대로 유지하는 경우로 구분할 수 있다. 전면 통합한 경우는 모든 업무가 한 기관으로 완전히 통합한 경우[77]와 한 기관이

---

[77] 식중독사고에 대한 역학조사와 전염병 관리는 식품안전과 밀접한 업무지만, 이를 식품규제기관에서 담당하는 경우는 없다. 그 이유는 역학조사의 경우 조사 중간에는 식품으로 인한 것인지, 아니면 사람이나 다른 매개체를 통해 감염된 것인지 알 수 없기 때문이다. 전염병의 경우도 식품으로 감염될 수도 있지만 사람 간 접촉으로 인해 감염될 수도 있다. 따라서 이 책에서는 일원화 대상 업무에 포함시키지 않았다.

통합정도		국가명	개편 전	개편 후				식품규제 대표기관 성격
				위해성 평가	기준 설정	제도관리		
						생산	제도·유통·소비	
전면통합	완전	덴마크 (1997)	보건부, 농업부, 수산부	식품농수산부(수의식품청)				농업부
		독일 (2002)	연방보건부, 연방식품농림부	식품농업소비자보호부 (연방위해성평가연구소, 연방소비자보호식품안전청)				농업부
		네덜란드 (2002)	보건복지운동부, 농업자연식품질부	농업자연식품품질부 (식품소비자제품안전청)				농업부
		아일랜드 (1998)	보건아동부 농업식품부 등	보건아동부(식품안전청)				보건부
	실질	뉴질랜드 (2002)	보건부, 농림부	총리실 (식품안전처, 호·뉴식품기준기구)		총리실 식품안전처		제3의 부처
		영국 (2000)	보건부, 농업수산, 식품부	식품기준기구(위해성평가: 민간위원회), 환경농업식품부(농약, 동물용의약품, 생산단계)				제3의 부처
기능별 통합		캐나다 (1997)	보건부, 농업농식품부, 수산해양부	보건부		농업농식품부 (식품검사청)		농업부
		일본 (2003)	후생노동성, 농림수산성	식품안전위원회	후생노동성, 농림수산성	농림 수산성	후생노동성	제3의 부처
		프랑스 (1998)	농업부, 보건부 재경부	식품위생 안전청	농업부, 보건부, 재경부			제3의 부처
분산		미국	(개편 안 함)	농업부, 보건부, 환경처(농약) 등				—
		우리나라	(개편 안 함)	복지부(식약청), 농식품부, 환경부, 교과부 등				—

주도적인 역할을 수행함으로써 사실상 통합했다고 볼 수 있는 경우로 세분된다.

덴마크, 독일, 네덜란드, 아일랜드, 뉴질랜드[78]는 식품규제 관련 기능을 완전히 통합했다. 독일은 위해성 평가의 독립성 확보를 위해 위해성 관리기관과 별도로 위해성 평가전담 기관인 연방위해성평가연구소를 운영하고 있다. 다른 4개국들은 내부적으로 평가부서와 관리 부서를 분리·운영하고 있다.

---

[78] 뉴질랜드의 경우, 호주와 FTA에 따라 실제로는 식품기준의 대부분을 호주·뉴질랜드식품기준기구(FSANZ)에서 정하고 있다. 이러한 FTA에 따른 기준설정 모델은 향후, 동북아시아가 FTA로 묶이게 되면 식품규제기구의 모델로서 검토될 수 있다.

영국은 대부분의 식품규제 업무를 식품기준기구(FSA)로 통합하였다. 하지만 농약·동물용의약품의 승인 및 잔류기준 설정과 생산단계 안전관리 업무는 환경농업식품부(DEFRA)에 그대로 남겨두었다. 따라서 완전 통합된 것은 아니지만 한 기관이 식품규제정책의 주도권을 쥐고 있고 국가적인 대표성도 갖고 있다는 점에서 실질적으로는 전면통합된 것이라고 할 수 있다.

캐나다, 일본, 프랑스는 전면통합하기보다 앞서 언급한 위해성 분석 원칙에 입각해 기능별 통합을 도모한 국가들이다. 당초에는 우리처럼 품목별로 보건부, 농업농식품부 등이 담당하고 있었다. 개편 후에는 위해성 평가와 기준 설정은 보건부가 담당하고 이 기준을 달성하기 위한 정책개발 및 집행은 농업농식품부 소속 식품검사청이 담당한다. 일본과 프랑스는 위해성평가를 독립기관으로 통합하고 관리는 기존대로 2~3개 부처가 나누어 담당하고 있다. 실제로 일본은 총리를 보좌하는 내각부가 식품안전관리를 주도 한다.[79] 프랑스는 주로 농업부가 대부분의 식품규제 업무를 담당한다.

지금까지 언급한 국가 모두 개편 전에는 크게 보건부와 농업부로 이원화되고 재정부 등이 관여했다는 공통점이 있다. 통합방식에 상관없이 모든 국가에서 식중독의 역학조사, 식품유래전염병 관리에는 보건부처가 주도한다는 점도 같다.

나) 소속 부처별

행정개편을 실시한 모든 국가가 어떤한 기관을 중심으로 통합작업을 추진했다는 점에서는 유사하지만 그 기관의 소속이나 독립성 여부는 국가별로 상당히 다르다.

식품규제기관의 소속은 크게 보건부, 농업부, 제3의 부처로 분류될 수 있다. 아일랜드는 보건부 소속인 국가이다. 독일, 네덜란드, 캐나다, 덴마크는 농업부

---

[79] 최근 일본에서는 식품은 물론 다른 소비자 업무까지 모두 통합하기 위해 2009년 상반기 출범을 목표로 소비자청 설치를 추진하고 있다.

소속이다. 뉴질랜드, 일본은 총리실 소속이고, 프랑스· 영국은 독립기관이다. 다만, 영국은 독립성 확보를 위해 국회업무 처리만 보건부 장관이 담당하고 있으며, 프랑스는 3개 부처가 공동으로 관할하고 있다. 두 기관 모두 필요한 경우 국민들에 직접 관련 사실 등을 공개할 수 있으며 총리나 정부는 이를 제지할 수 없다.

재미있는 것은 어느 부처 소속인지 여부가 꼭 어떤 획일적인 논리에 따라 이루어지지 않는다는 점이다. 통상 농업부가 업무상 전문성이나 연관성은 높은데 농민 등과 같이 생산단체와 가깝다는 단점이 있고, 보건부는 생산단체의 영향력에서 상대적으로 자유롭지만 다른 보건문제보다 식품문제를 소홀히 한다는 것이 일반적인 평가[80]다. 그렇다보니 부처 소속은 마지막에는 정치적으로 결정된다.

캐나다의 경우, 위해성 평가 및 안전기준 설정을 보건부에서 담당하기로 한 상태에서 식품검사청의 소속은 총리에게 일임했다고 한다. 총리는 식품검사청의 소속을 농업농식품부로 결정했다.

소속이 바뀌는 경우도 있다. 독일의 경우, 당초 보건부 소속이었으나 식품안전과 환경을 중시하는 녹색당이 연합정권에 참여하면서 농업부로 이관되었다고 한다. 네덜란드의 경우에도 2003년 보건부에서 농업부로 이관되었다. 뉴질랜드는 당초 소속이 농림부였으나 2007년부터 소속이 총리 직속으로 변경되었다. 개편 전에도 농업부 소속이었지만 농업부의 감독을 깊숙하게 받지는 않았으며 오히려 보건부 장관이 감독권을 행사했다.

일본의 식품안전위원회는 위해성 평가와 정보교환을 담당하는 내각부[81] 소속의 행정위원회다. 하지만 실제 정부의 식품관리에서는 식품안전위원회의 상급부처인 내각부가 상당한 역할을 수행한다. 내각부에는 식품안전위원회 등을

---
80) Taylor, "Reforming Food Safety: A Model for the Future," Food Technology, Vol. 56, No. 5, May 2002
81) 내각제를 취하고 있어 우리와 직접적인 비교는 어렵지만 국정조정기능을 수행한다는 점에서 우리의 총리실에 해당한다고 볼 수 있다.

관장하는 식품안전 담당 대신이 별도로 있으며 정부 전체의 위기대응을 주관한다. 식품안전 기본시책도 총리가 정한다.

다. 식품규제의 독립 영역화

1) 식품규제는 소비자행정

식품규제행정은 행정학적 측면에서 볼 때 상당히 복합적인 성격을 갖고 있다. 식품규제행정과 유사한 행정 분야로는 보건행정, 농정, 소비자행정, 환경행정을 들 수 있다. 이들 행정의 영역 중 식품규제와 관련된 영역을 살펴보면 식품규제행정의 특성을 좀 더 확실하게 알 수 있다.

가) 보건행정

보건행정은 "공중보건의 목적을 달성하기 위하여 공중보건의 원리를 적용하여 행정조직을 통하여 행하는 일련의 과정"으로 정의[82]할 수 있으며, WHO에서는 공중보건을 "질병을 예방하고, 생명을 연장하며, 건강과 인간적 능률의 증진을 꾀하는 과학이자 기술"로 정의하고 있다. 사업 분야로는 전염성질환, 비전염성질환, 모자보건, 가족계획, 보건교육, 학교보건, 산업보건, 정신보건이 있다[83][84]. 이 중 식품규제행정과 연관성이 높은 분야는 전염성질환과 비전염성질환이다. 모자보건(분유), 학교보건(학교급식), 보건교육(영양교육), 정신보건(술)도 식품규제와 관련되기는 하지만 그 비중은 매우 낮다.

---

82) 유승흠, "보건행정학 강의", 고문사, 1998
83~84) 이 연구에서는 〈보건행정학 강의〉에서 제시한 사업 분야를 기준으로 작성하되, 그 정의가 애매한 지역사회보건은 제외하였다. 〈공중보건학 (김종오 등)〉에서는 지역사회보건을 공중보건, 예방의학과 같은 개념으로 해석하고 있다. 건강보험, 산업재해보험 등 보건재정은 보건인력, 보건시설과 함께 보건자원으로 통칭되며 전체 보건행정에서 차지하는 비중은 매우 크나 식품규제행정과는 별다른 관계가 없어 별도로 언급하지는 않는다.

나) 농정농정

(農政)은 "농업 및 농촌에 관한 행정"으로 정의할 수 있다. 농업은 농업·농촌기본법[85]에 따라 농작물생산업, 축산업, 임업으로 세분할 수 있다. 농촌은 모든 군(郡) 단위 행정구역과 시(市) 중 농림부장관이 정하는 지역을 말한다. 사업 분야로는 농업 인력의 육성, 농지의 이용 및 보전, 농업생산구조의 고도화, 농산물의 수급안정 및 유통개선, 농촌지역개발 및 소득지원이 있다. 이중 식품규제행정과 관련되는 분야는 농산물 수급안정 및 유통구조 개선 중 농산물의 품질관리 정도다. 농산물 대부분이 식품으로 유통되고 있기 때문에 농업 관련 다른 사업 분야도 모두 관련된다고 볼 수도 있지만 대부분 경제적 수급과 산업진흥 측면에서 이루어지고 있어 식품규제행정이라 보기는 어렵다.

다) 환경행정

환경행정은 "환경오염과 환경훼손을 예방하고 환경을 적정하고 지속가능하게 관리·보전함으로써 모든 국민이 건강하고 쾌적한 삶을 누릴 수 있도록 하는 것"으로 정의될 수 있다.[86] 환경은 크게 생태계와 같은 자연환경과 폐기물과 같은 생활환경으로 구분된다. 환경행정의 사업 분야는 일반 환경관리, 환경오염규제 및 관리, 폐기물관리 및 규제, 자연환경의 보전, 기타 환경보전이 있다.[87]

이중 식품규제행정과 관련되는 분야는 환경오염규제 및 관리 중 수질오염과 토양·지하수·해양오염이다. 이들은 식품안전과 매우 밀접하게 연계되어 있다. 먹는 물은 직접 마실 뿐만 아니라 식품의 제조·가공·조리에 사용된다. 지

---

85) 농업농촌기본법은 2007년 11월 농업농촌식품산업기본법으로 전면 개정되었다. 하지만 아직 시행령 등 하위법령이 제정되지 않았고 식품산업을 농업의 범주에 포함시킬 수 있는가에 대한 논란이 많아 여기서는 기존의 법률을 참고하였다.
86) 환경정책기본법
87) 정회성 등, 〈환경행정의 선진화 방안〉, 한국환경정책평가연구원, 1997.12

하수 등의 오염도 생산단계에서 농수산물을 오염시키기 때문에 심각한 문제를 일으킬 수 있다. 환경오염관리에서는 식품규제행정과 같이 위해성분석 원칙을 행정의 기본으로 한다는 점도 유사하다.

라) 소비자행정

소비자행정은 말 그대로 "소비자에 대한 행정"으로 정의할 수 있다. 업무영역은 아래 표와 같이 사업자 대상 규제행정, 소비자 및 사업자 대상 조정행정, 소비자대상 지원 행정, 특수 분야의 소비자행정으로 구분할 수 있다.[88]

구 분	주요 내용
사업자 대상 규제행정	경쟁분야 : 부당한 거래행위(가격담합 등) 및 불공정 거래행위(거래 강제 등) 제한 거래분야: 품질보증, 표시광고 안전분야 : 식품, 의약품, 공산품에 대한 안전기준, 회수, 안전정보 수집 등
소비자 및 사업자 대상 조정행정	소비자와 사업자간 분쟁 발생 시 소비자피해보상규정, 합의권고 · 피해규제 · 분쟁조정을 통해 합의유도 및 조정
소비자 대상 지원행정	소비자의 역량을 강화할 수 있도록 소비자 정보제공, 소비자교육, 소송지원, 단체 지원
특수 분야 소비자행정	취약계층(농어민, 어린이, 노인, 장애인)과 전문분야(금융, 증권, 보험, 법률, 의료서비스)

앞서 언급했던 행정 분야의 경우에는 식품규제행정 중 일부 업무만 해당하는 반면 소비자 행정은 모든 식품규제행정을 포괄하고 있다. 소비자 행정 중 사업

---

88) 백병성, 〈소비자행정론〉, 2003

자 대상 규제 중 안전기준, 회수 등과 표시광고는 대표적인 식품규제행정이다.[89] 그 밖에 소비자 및 사업자 대상 조정은 식품으로 인한 건강피해 등이 발생한 경우에 적용된다. 소비자대상 지원의 경우도 식품규제행정의 전 분야에 걸쳐 다루어지고 있다. 특수 분야 소비자행정의 경우에는 취약계층 중 어린이, 노인 정도가 식품규제행정과 관련된다고 볼 수 있다.

마) 연관성 상대 비교

지금까지 이야기한 보건행정, 농정, 환경행정, 소비자행정과 식품규제행정간 연관성을 상대비교하면 아래 그림과 같다.[90]

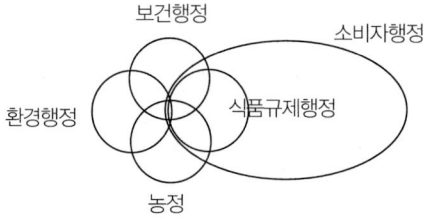

가장 연관성이 높은 업무는 소비자 업무다. 소비자의 건강과 권익신장이라는 명제 안에 식품안전 등 식품규제업무가 모두 포함된다. 물론 식품안전이 산업발전과 관련되기도 하지만 소비자와 무관한 업무는 정부가 규제하지 않는다는 흐름에서 볼 때, 소비자업무에서 포함되지 않는 식품규제 업무는 거의 없다고

---

89) 품질보증, 부당거래 등은 식품과는 관련되지만 통상적으로 식품규제행정에 포함시키지는 않는다.
90) 식품안전처 설치를 계기로 일부에서는 식품규제행정이 의약품 행정과 연관성이 높다고 말한다. 일부 업무가 그럴지는 몰라도 보건행정, 농정, 환경행정, 소비자행정과 비교해 보면 그 연관정도는 매우 미미하다. 이들 행정의 경우 업무 중 일부가 식품규제행정인 반면, 의약품 행정의 경우에는 그런 영역은 없다.

봐도 무방하다.

그 다음 연관성이 높은 업무는 보건업무와 농수산업 업무다.[91] 식품규제행정의 가장 중요한 목표가 국민건강이라는 점에서 보건행정의 성격을 가지고 있다. 식품은 전염병의 주요 매개원이라는 점에서 질병관리 측면에서 중요하다. 식품첨가물 또한 국민건강을 위해 엄격한 관리가 필요하다.

식품은 농수산물이거나 이를 가공한 것이라는 점에서 농정의 성격을 가지고 있다. 농장이나 목장에서는 병충해를 제거하고 질병치료를 위해 농약이나 항생제를 사용한다. 이들을 효과적으로 사용하면 생산량을 크게 늘릴 수 있다. 반면 과도하게 사용하거나 해당 농약이 위해한 경우에는 식품안전을 위협하는 요소가 된다. 환경업무는 먹는 물과 토양 오염이 식품안전을 위협한다는 측면에서 연관성은 있으나 다른 분야에 비해 상대적으로 낮다.

2) 팽창하는 식품규제영역

식품규제행정은 오래전부터 있던 개념이 아니라 식품안전의 중요성이 부각되고 식품안전기관의 통합 논의가 진행되면서 발달한 개념이다. 과거에는 식품규제 업무를 보건행정이나 농정의 일부로 인식했으며 주로 가공식품의 관리에 초점을 맞췄다. 이제는 목장에서 생산되는 소, 돼지는 물론 사료까지 그 범위가 확대되고 있다. 농장의 우수농산물관리제도(GAP)도 식품규제업무의 일부다.

---

[91] Codex 사례를 봐도 식품규제 업무가 보건행정 및 농정과 매우 밀접한 관계를 갖고 있다는 것을 알 수 있다. Codex는 세계보건기구(WHO)와 국제식량농업기구(FAO)가 40:60으로 재원을 출자해서 운영한다.

가) 농업으로의 영역 확대

식품규제행정의 대상은 과거 가공 산업 위주에서 이제는 농수산업으로 확대되고 있다. 과거에 농장은 식품안전관리에 큰 영향을 미치지 않는 것으로 인식했었다. 농장보다는 식품첨가물과 같은 화학물질을 직접 식품에 넣는 식품공장에서의 관리가 식품안전에서 큰 비중을 차지했다. 그런데 오염된 사료로 인해 발생하는 광우병을 계기로 이런 인식은 크게 변화했다. 농장과 같은 생산단계가 관리되지 못하면 그 이후단계에서의 관리는 별 의미가 없기 때문이다.

다른 위해요인의 경우에도 아래 그림에 제시한 것처럼 농장단계에서의 관리가 매우 중요하다. 농약이나 동물용의약품이 최종 식품에 잔류하지 않도록 하려면 생산단계에서 기준을 초과해 사용해서는 안 된다. 동물 질병이나 식중독균 모두 생산단계에서의 오염을 최소화하는 것이 관건이다. 식품오염물질도 마찬가지다.

구 분	관리 필요성				
	생산	제조·가공	유통	조리	판매
사료	O				
농약 및 동물용의약품	O				
동물질병	O				
식중독균	O	O	O	O	O
신종식품(novel foods)	O	O			
식품첨가물		O			
식품오염물질	O	O		O	

농업이 식품안전관리의 중요대상이라는 측면에서 최근에는 기존의 식품산업과 농업을 묶는 새로운 용어들이 사용되고 있다.

Codex[92]에서는 식품체인(food chain)이라는 용어를 사용하는데 여기에는 아래 그림처럼 1차 생산부터 최종소비단계까지 모두 포함된다. 영국 식품안전기구(FSA)[93]는 아예 식품산업(food industry)을 "농업과 식품생산, 포장과 유통, 소매와 외식까지를 포함" 하는 것으로 정하고 있다.

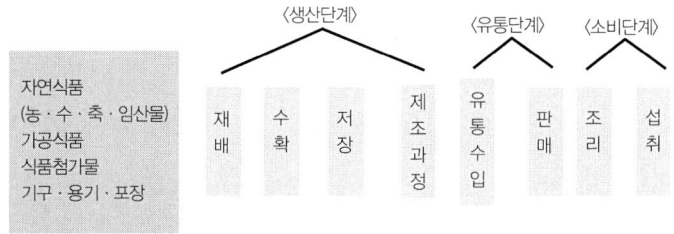

나) 선진국의 동향

주요 선진국의 식품규제기관 개편 동향을 보면, 식품규제기능 및 관련 업무의 통합정도에 따라 아래 그림처럼 도식화할 수 있다.

우리나라는 가장 업무분장이 복잡한 나라다. 미국도 품목별로 소관부처가 나

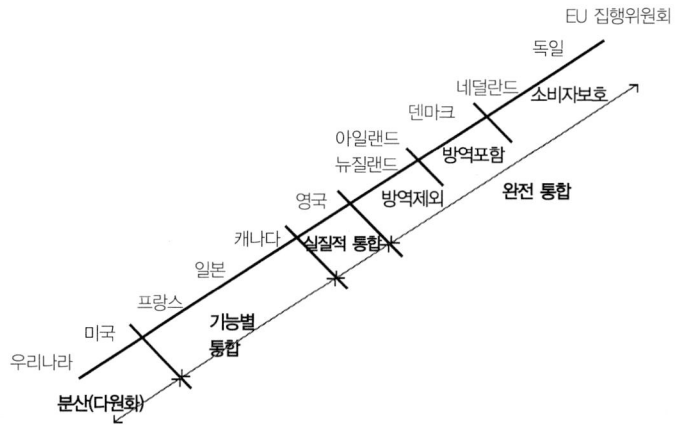

---
92) 식품위생일반원칙에 대한 국제지침(CAC/RCP 1-1969, Rev. 4-2003)
93) http://www.food.gov.uk/foodindustry/

뉘기는 하지만 미국 FDA 직원이 필요하면 농장을 방문해 조사할 정도로 우리처럼 생산·유통단계별 구분이 엄격하지는 않다.

프랑스, 일본, 캐나다는 위해성 분석 원칙에 따라 기능별로 통합한 국가들이다. 위해성평가만 통합한 프랑스가 가장 통합 정도가 낮고, 일본은 총리실이 직접 개입하여 정책을 조정한다는 측면에서 좀 더 통합 강도가 세다. 캐나다는 보건부와 농업농식품부로 이원화된 것은 일본과 비슷하지만, 생산·유통단계 구분이 없이 농장에서 식탁까지 일관된 접근이 가능하다는 점에서 좀 더 통합된 모델이라고 할 수 있다.

영국은 대부분의 식품규제업무가 식품기준기구(FSA)로 통합되어 있다. 아일랜드, 뉴질랜드, 덴마크, 네덜란드, 독일, EU 집행위원회는 식품규제업무가 일원화된 국가들이다. 하지만 이들 국가들은 식품안전 관련 업무의 통합 정도에 따라 다시 세분화할 수 있다. 아일랜드와 뉴질랜드는 식품규제업무만 통합하였고, 방역이나 동물복지는 농업부 소관이다.

덴마크는 방역이나 동물복지까지 포함한다. 네덜란드, 독일은 여기서 한발 더 나아가 식품안전은 소비자보호의 문제라는 인식하에 공산품 등 소비자행정까지 통합하였다.[94]

EU 집행위원회는 역학조사까지 포함하였다는 점에서 식품안전 및 식품규제 행정을 가장 완벽하게 통합한 모델이라고 할 수 있다.

이와 같이 식품규제행정을 소비자행정 차원에서 바라보는 흐름은 앞서 언급했던 식품규제행정은 소비자행정이라는 분석에 설득력을 더해준다.

---

94) 얼마 전까지 덴마크의 식품규제기관 소속은 지금은 폐지된 가족소비자부 소속이었다.

라. 우리 모델을 만들어야

1) 우리 모델의 필요성

식품안전 문제가 이슈화될 때마다 단골메뉴로 언급되는 대책이 다원화된 식품규제행정[95]의 일원화다. 식품규제행정 일원화는 1990년대 후반부터 시작된 참 해묵은 과제다. 2001년에는 국회의원들이 채택했으나 별다른 효과를 얻지는 못했다. 2003년 참여정부에서도 임기 5년 동안 추진을 하면서 식품안전기본법 안도 발의하고 식품안전처 설치도 추진했지만 결국 아무런 성과 없이 끝났다.

필요성에는 모두 공감하면서도 정작 손에 잡히는 결과물이 나오지 않는 가장 큰 이유는 무엇일까? 가장 큰 이유는 논의나 관심이 어떤 목표를 향해 갈 것인가가 아니라 누가 통합의 주체가 될 것인지에 지나치게 매몰되어있기 때문이다. 모로 가도 서울만 가면 된다는 말이 있다. 목적만 명확하다면 어떤 방식으로든 가능하다. 모든 방법이 다 장단점이 있다. 장점을 최대한 살리고 단점을 보완하는 방식으로 가면 그렇게 큰 문제가 생기지 않는다. 설령 단점이 부각되더라도 지금처럼 무기력한 시스템보다는 훨씬 나을 것이다. 그간 우리나라에서의 논의 과정을 보면 서로 자기 부처 중심으로 해야 한다는 생각에서 외국의 사례에 지나치게 의존했다. 대개 주장을 보면 외국의 어느 기관을 우리가 따라가야 한다거나 모든 나라가 어느 부처 중심으로 통합되었다는 식이다. 그 나라가 그렇게 한 배경이나 현재의 문제점에 대해서는 별로 언급하지 않는다. 분명 우리와는 행정문화나 정부조직 운영원리가 상당히 다를 것인데 말이다.

식품규제행정체계를 통합했다는 다른 선진국들의 사례를 보면 4가지 식품규

---

95) 일반적으로 '식품안전관리 일원화'라고 한다. 하지만 여기서는 정확한 의미 전달을 위해 '식품규제행정 일원화'라는 표현을 사용하였다. 앞서 설명한바와 같이 식품안전은 식품 적합성과 함께 식품규제 업무의 일부이다. 일원화 대상 업무 중 상당수는 식품안전이 아닌 식품 적합성과 관련된다.

제원칙은 충실히 지키려 했다는 점은 유사하다. 하지만 개편된 행정체계의 모습을 보면 국가마다 상당히 다르다. 이제는 자꾸 외국사례만 들먹이지 말고 우리 모델을 만들었으면 하는 취지에서 자주 거론되는 외국사례의 문제점을 살펴보고자 한다.

2) 미국에 대한 맹신

우리나라에서 가장 많이 언급되는 국가 중 하나가 미국이다. 하지만 겉으로 드러난 화려한 모습만 부각될 뿐 그 실제 모습은 거의 알려지지 않은 것 같다. 심지어 대표적인 다원화 국가인 미국을 놓고 그 나라처럼 식품규제기관을 일원화해야한다는 말이 나올 정도니 말이다.

미국은 축산물은 농무성, 일반식품은 FDA 등에서 담당하는 대표적인 다원화 국가다. FDA도 1936년 농무성에서 분리된 조직일 정도로 현재 미국의 식품규제 시스템은 미국 감사원(GAO)의 지적처럼 어떤 원칙에 따라 설계된 것이 아니라 필요할 때마다 조금씩 보완되었다.

미국에서도 식품기관 통합 주장은 1960년대부터 시작했을 정도로 그 역사가 깊다. 본격적으로 공론화가 시작된 것은 1992년 미국 감사원(GAO)이 통합의 필요성을 제기하면서 부터다. 1998년에는 국립학술과학원(NAS)도 장관급의 통합기관의 설치를 주장하였다. 현재 민주당 상원 원내 부대표인 리처드 더블린 의원은 방역까지 포함한 모든 식품규제 업무를 일원화하는 법안[96]을 매년 제출하고 있다. 민주당은 환경보호처(EPA)처럼 하나의 독립적인 식품규제기관을 만

---

[96] 미국 의회 법안은 한번 제출하면 4년간 계속 유지되는 우리와 달리 국회가 폐회하면 자동 폐기되므로 매년 국회가 열릴 때마다 상정해야 한다.

들자고 주장하는 반면, 축산단체 등 식품업체로부터 많은 기부금[97]을 받고 있는 공화당은 이에 대해 매우 소극적이다. 아마도 2008년 대선에서 민주당이 승리하면 본격적인 논의가 있을 것으로 예상된다.

미국의 식품안전시스템은 장단점이 분명하다. 미국 과학이 세계 최고 수준인 것처럼 식품 분야에서도 과학수준은 결코 다른 선진국에 비해 뒤지지 않다. 반면 정부기관의 법적 권한은 상대적으로 취약하다.[98] 사회적 합의를 이루기보다 변호사를 통한 해결을 시도하는 사회풍토 또한 식품규제기관에게는 큰 부담이다. 과학이 완벽하지 않은 상황에서 일일이 대응하는 것은 상당히 힘든 일이다. FDA의 건강보조식품 관리에 대한 법적 권한은 선진국에서 유래를 찾기 어려울 정도로 약하다. 우리와는 비교도 안 된다. 다른 국가들은 새로운 원료를 사용해 건강보조식품을 만들면 영업자가 안전성을 입증해야 한다. 반면 미국에서는 기업이 건강보조식품을 팔 때 사전에 FDA의 승인을 받을 필요 없다. 제품 판매 75일 이전에 관련 자료만 제출하면 된다. FDA가 75일 동안 위해하다는 것을 입증하지 못하면 기업은 그냥 판매에 들어간다. FDA가 75일 동안 안전성 문제를 제기하지 않았다고 해서 FDA가 안전성을 승인했다는 의미는 아니다. 그 제품의 안전성은 영업자 책임이다. 식약청의 승인을 받아야 하는 우리와 달리 기능성 표시는 아예 기업에서 관련 자료를 제출할 필요도 없다. FDA가 시중에 유통되는 제품을 보고 관련 자료를 수집해서 그 표시가 허위라는 것을 입증해야한다.

---

97) 미국의 대형식품회사(크라프트 식품, 전국축산업협의회, 식품유통협회, 전국식품가공협회 등)은 정치기부금의 80~100%를 공화당에 기부한다.(출처 : Safe Food, Marion Nestle, , University of California Press, 2003)
98) FDA의 행정력도 위기관리는 잘 하지만 법령운영 분야는 상당히 취약하다. 영양표시와 같이 너무 과학에 집착하다보니 너무 규정이 복잡해 현실적으로 집행이 어려운 경우도 상당하다. 규제평가가 식품규제 행정의 기본 틀로 자리 잡은 호주와 비교해보면 극명하게 대비 된다. 호주는 식품기준 설정 프로세스 자체가 규제영향평가일 정도로 행정절차가 잘 갖추어져 있다.

건강보조식품의 안전성 평가도 힘든 상황에서 FDA가 기능성 문제까지 제기할 여력은 없다고 한다.

사실 미국 FDA[99]는 그간 우리가 들어왔던 것만큼 강력하고 신뢰받는 기관은 아니다. FDA는 어린이가족청(ACF)이나 고령후생청(AoA)과 같이 보건후생성(DHHS)에 소속된 10개 기관 중 하나일 뿐이다. 법률에서도 모든 권한을 보건후생부 장관에게만 부여하며 FDA는 그 권한을 위임받아 관련 업무를 수행한다. FDA가 제약업체의 영향에 취약해서 개선이 시급하다는 주장을 담은 〈FDA의 내부(inside the FDA)〉라는 책까지 나오는 것을 보면 의약품 관리도 그리 만족스럽지는 않은 것 같다.

미국 시스템은 FDA와 같은 정부기관보다 제조물책임법이나 집단소송제와 같은 기업과 소비자간 직접 해결 메커니즘에 크게 의존한다. 이를 가장 잘 보여주는 사례가 유통기한 표시제다. 우리나라에서 유통기한 표시는 당연히 영업자가 의무적으로 해야 할 사항이다. 만일 유통기한이 표시되지 않은 식품이 시중에 유통된다면 그 자체만으로 큰 사회문제가 되는 것이다. 하지만 미국에서는 유통기한 표시가 업체 자율[100]이다. 연방차원에서 유통기한 표시를 의무화한 품목은 영유아식품 정도에 불과하다. 의무화하는 주들도 있지만 그렇지 않은 주들도 많다. 그러다보니 실제 유통기한 표시 없이 판매되는 제품들도 있다고 한다.

그렇다면 의무사항이 아님에도 많은 식품회사들이 유통기한을 표시하는 이유는 무엇일까? 그래야 제조물책임법에 의한 소송을 피할 수 있기 때문이다. 유

---

99) 과거 식품안전처 설치 논의가 있을 때 가장 많이 제기된 주장이 미국 FDA는 업무 연관성이 높아 식품과 의약품 업무를 함께 한다는 주장이었다. 그런데 이런 주장은 정작 미국에서는 전혀 언급되지 않고 있다. 일원화 필요성에 대한 감사원의 주장에 대해 보건후생성과 농무성은 굳이 비용을 많이 들이기보다 현재 상황에서 팀플레이를 강화하면 된다는 논리로 일관하고 있다. 식품과 의약품 관리가 분리되면 문제가 있다는 이야기는 어디에도 없다.

100) http://www.fsis.usda.gov/Factsheets/Food_Product_Dating/index.asp

통기한을 표시하지 않으면 생산자로서의 통지의무를 소홀히 했다는 이유로 식중독 발생 시 책임을 면하기 어렵다.

3) 유럽에 대한 편향된 해석

유럽을 농업부로의 통합사례라고 하는데 이것도 과장된 측면이 있다. 오히려 자세히 들여다보면 식품규제업무가 과거처럼 농업이나 보건의 일부는 아니라 소비자행정의 영역으로 발전하고 있음을 알 수 있다.

EU 집행위원회[101]의 경우 1997년 광우병 파동 이후 농업총국과 보건총국으로 분산된 식품안전 기능을 보건소비자보호총국으로 통합하였다. 보건소비자보호총국에서는 공공보건, 소비자보호, 식품안전 업무 외에도 동식물보건, 동물복지, 심지어 식물의 다양성(diversity)업무까지 수행한다. 보건소비자보호총국은 명칭에서는 드러나지 않지만 사실상 식품안전을 중심으로 공공보건, 동·식물보건, 소비자보호와 같은 관련 업무를 수행하는 조직이다.

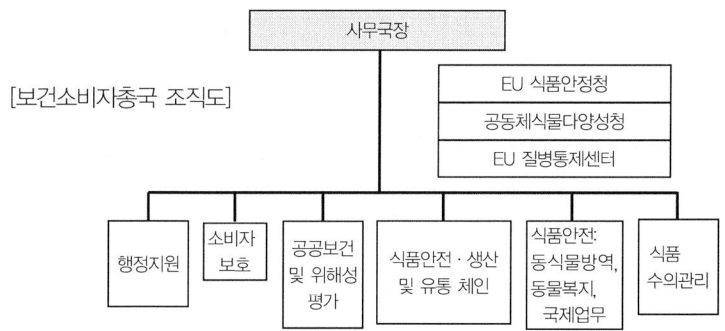

[보건소비자총국 조직도]

주 1) 식품의 위해성평가, 정보교류 등의 기능 수행
　　2) 식품이외의 사람 관련 위해성 평가 실시
　　3) 회원국의 법규 집행실태 점검

---

101) EU는 이사회, 의회, 법원, 집행위원회 등의 법적 기관이 있으며, 이중 집행위원회는 우리의 행정부에 해당하는 역할을 수행한다.

부서기준으로 볼 때 보건소비자보호총국에서 차지하는 보건업무의 비중은 1/5 정도이며, 식품 및 동식물안전 업무가 3/5이나 된다. 따라서 보건소비자보호총국에서 의미하는 보건(health)에는 사람뿐만 아니라 동물과 식물까지 포함된다고 보아야 한다.

독일의 식품농업소비자보호부도 식품안전 업무를 농업부에서 담당하게 되었다기보다 식품안전을 중심으로 업무량이 적은 농업 업무를 흡수했다고 보는 편이 맞다. 이렇게 보는 근거로는 첫째, 농민 중심의 식품안전을 우려해 경제부처에서 운영하던 소비자보호 기능을 식품농업소비자보호부로 이관하였다. 둘째, 식품농업소비자보호부의 조직을 보면 총 4개국[102] 중 2개국이 식품규제 업무를 담당하고 있으며 서열도 기존의 농정을 담당하는 다른 2개국에 비해 높다.

마. 식품안전처 추진의 의미와 한계

우리나라에서도 다른 선진국처럼 새로운 식품안전관리 패러다임에 맞춰 식품안전관리를 일원화 하려는 시도는 그간 꾸준히 진행되어 왔다. 2005년에는 식품안전 정책의 통합·조정을 위해 식품안전위원회를 설치한다는 내용의 식품안전기본법안이 7개나 국회에 제출되었다. 2006년에는 조정기구 신설이 아니라 아예 관련 기관을 통합하자는 시도가 있었다.

바로 식품안전처 설치 추진이다. 비록 이익단체의 반대 등으로 국회를 통과하지는 못했지만 정부 부처가 합의하에 만든 첫 번째 식품규제일원화 모델로, 그간 제기된 많은 문제점들을 한꺼번에 해결하려는 모델이었다는 점에서 향후

---

[102] 소비자보호 및 식품유전공학국(consumer protection, food biotechnology and genetic engineering), 식품안전 및 수의국(food safety, veterinary affairs), 농업시장·계획·사회국(agricultural markets, planning bases, social affiars), 농촌·식물생산·임업국(rural areas, plant production, forestry and forest-based industries)

논의과정에서도 상당한 영향을 미칠 것으로 예상된다.

그런 측면에서 식품안전처 모델을 실현되지 못한 모델이라고 치부하기보다 그 방안의 취지, 의미와 한계를 살펴볼 필요가 있다.

1) 설치방안

식품안전처 설치방안을 살펴보면 다음과 같다. 우선 현재 다원화되어 있는 식품규제 업무를 생산부터 소비까지 모두, 신설되는 국무총리 소속 식품안전처로 통합한다. 식품안전처 설치에 따라 식품의약품안전청은 폐지되고 식약청의 의약품관리 조직은 보건복지부 내부로 흡수된다. 식품규제와 산업 육성 업무를 분리하기 위해 생산 장려 및 식품산업 육성과 관련된 업무는 농림부, 해수부에서 담당한다.

식품안전처가 식품안전에 대해 실질적인 책임을 질 수 있도록 생산부터 소비까지 모든 과정에 대한 모니터링과 추적조사권한을 갖는다. 생산단계에 대한 안전관리 정책도 식품안전처가 정한다. 다만, 현장접근성 등을 감안하여 현장에서의 집행은 농림부와 해수부에 위탁한다. 식품사고 발생 시 모든 책임은 대외적으로 식품안전처가 진다. 식품안전처가 정부 내에서 힘을 갖고 일을 추진할 수 있도록 국무총리를 위원장으로 하는 식품안전정책위원회를 설치한다. 식품정책 결정에 대한 정치적 영향력을 최소화할 수 있도록 정책위원회에서는 위해성평가 결과를 심의하는 전문위원회를 둔다.

식품안전 및 소비자 보호 관련 규정은 모두 식품안전처 소관 법률로 이관한다. 여기에는 여러 부처에서 중복관리하고 있는 유전자변형농수산물의 식품 표시 관련 규정, 수산물가공업 중 냉장냉동업 신고규정이 포함된다. 대신 식품안전 및 소비자보호와 무관한 풍속관련 규정은 「풍속영업의 규제에 관한 법률」로 이관한다. 농어민과 더 밀접한 식육의 음식점 원산지 표시관련 규정 및 유기가공식품 관련 규정도 농산물품질관리법으로 이관한다.

식품안전처 조직은 위해성 분석 원칙이 작동할 수 있도록 기존의 품목별(일반식품, 축산식품 등) 조직에서 기능별(법령·위해성평가 등)조직으로 전환한다. 본부조직을 법령·안전기준·집행감독 등으로 구분한다. 효율적 위기관리를 위해 차장 직속의 위기대응전담팀을 운영하고 여기서 범정부 차원의 사고대응 컨트롤타워 역할을 수행한다. 위해성 평가의 독립성과 전문성을 높일 수 있도록 위해성평가 및 연구·분석을 담당하는 식품안전과학원을 식품안전처의 소속기관으로 운영한다. 식품안전과학원은 위해성 평가결과를 식품안전위원회 소속 민간전문가들의 심의를 받도록 함으로써 독립성을 확보하도록 한다.

식품안전처는 위해성평가 및 정책결정과 같은 중앙정부의 고유 업무에 주력하고 집행업무는 최대한 지자체로 이관한다. 시·군·구는 자치단체장이 단속업무를 꺼린다는 점을 감안하여 인허가 업무만 담당하고 일상적인 감시활동은 시·도가 직접 실시한다. 시·도의 식품안전관리 기능을 강화하기 위해 전담조직(가칭 식품안전관리센터)을 설치한다. 지방자치단체의 책임성 강화를 위해 식품안전처 주관으로 시·도의 식품안전관리 실태를 정기적으로 평가하고 그 결과를 공개한다. 결과가 양호한 시·도에 대해서는 인센티브를 제공하고 미흡한 시·도에 대해서는 중앙에서 특별점검을 실시한다.

2) 추진 의미

식품안전처 설치 추진은 여러 가지 측면에서 그 의미가 매우 크다. 여기서는 몇 가지 큰 의미만 언급하도록 하겠다.

첫째, 정부 부처 간 최초로 합의한 식품규제 일원화모델이다. 당초에는 일본과 같이 생산과 생산이후를 구분하려 하였으나 생산과 생산이후를 구분하는 것이 현실적으로 어렵다는 관계장관회의의 논의결과를 반영하여 생산부터 소비까지 모든 업무를 식품안전처가 담당하도록 하였다.

둘째, Codex의 식품안전관리 원칙을 충실히 구현하려 했다. 농장부터 식탁까지 식품안전처가 관장하도록 함으로써 그간 제기된 사각지대를 한꺼번에 해소하려고 했다.[103] 농·수·축산식품과 같은 식품의 종류는 물론 생산·유통단계별로 나뉜 식품안전 업무를 모두 식품안전처가 담당하도록 했다. 그 밖에 가공이나 판매처에 따라 소관부처가 달랐던 원산지 표시, 유기농산물은 모두 농림부로 일원화했다.

위해성 분석 원칙의 실현을 위해 식품안전처의 조직을 기존에 일반식품, 축산식품, 건강기능식품의 품목별에서 위해성평가와 관리의 기능별로 재편하려고 했다. 위해성평가 결과의 신뢰성을 높일 수 있도록 민간으로 구성된 전문위원회에서 의무적으로 심사하도록 했다. 특히 조직의 기능별 재편을 통해 기존의 일하는 관행과 풍토, 일하는 방식을 한꺼번에 바꾸려 했다. 만일 실행되었다면, 우리 식품행정의 기존 관행을 완전히 바꾸는 가히 혁명적인 변화를 가져왔을 것이다. 국회에서 식품안전처 설치가 확정되면 바로 식품안전처가 출범할 수 있도록 부서별 개편안, 관련법률 개정안까지 모두 마련했었다.

셋째, 정부 내에서 부처단위로 격상시켜 식품규제행정을 독립영역화 하려 했다. 사실 식약청과 같은 외청은 장관급 부처와 협력관계를 구축하는데 한계가 있다. 식약청과 비슷한 외청을 소속기관으로 두고 있는 부처에게 식약청은 충

---

103) 생산단계에서 농림부에게 일상적인 집행업무를 위탁하도록 함으로써 신설기관인 식품안전처가 농민단체와 직접 만나는 위험부담을 감소시키려 했다.

분한 권위를 확보하기 어렵다. 그렇다보니 식품규제 업무가 정부 내에서 중심을 잡고 제대로 논의되기가 매우 어렵다.[104]

3) 실현되지 못한 이유

아쉽게도 식품안전처 설치방안은 국회를 통과하지 못했다. 이렇게 된 이유는 크게 2가지로 볼 수 있다.

첫째, 약사단체의 반대다. 당초 식품안전관리 일원화 방안을 논의할 당시 약사단체가 격렬하게 반대할 것이라고 생각하는 이는 별로 없었다. 식품과 의약품 관리는 성격이 다른 업무이고 행정조직이나 법률도 분리되어 있기 때문이다. 그런데 식약청이 폐지되면서 의약품 업무가 다시 복지부 본부로 흡수되는 것이 문제였다. 약사단체는 국회를 대상으로 파상적인 로비전을 펼쳤다. 그 와중에 2006년 11월 대한약사회가 정부가 의약품관리기관을 차관급 외청으로 하다는 법안을 발의하면 식약청 폐지에 반대하지 않겠다는 입장을 공식 발표[105] 하기도 했다.

둘째, 참여정부에 대한 사회적 거부감이다. 이런 이유로 상당수 언론에서는 식품안전처 설치방안의 구체적인 내용을 보려하기보다 일단 정부 조직이 더 늘어난다는 취지의 기사를 내보냈다. 사실 차관급 기관인 식약청이 없어지고 차관급 기관인 식품안전처가 생기는 것이라 정부조직 확대가 아닌데도 말이다. 물론 기존 조직을 통합하는 것이기 때문에 인력 증원 계획도 없었다. 언론과 정확한 커뮤니케이션을 하는 것은 참 힘든 일이다.

---

104) 최근 논란이 많은 미국산 쇠고기의 경우도 식약청은 소관업무가 아니라는 이유로 별다른 역할을 하지 못하고 있다. 만일 우리나라 대표 식품안전기관이라면 꼭 자기 업무가 아니더라도 종합조정을 할 수 있어야 한다. 우리나라 정부조직상 외청이 이런 일을 수행하는 것은 전례도 없고 사실상 불가능하다.
105) http://www.medipharmnews.com/newsbuilder/service/article/mess.asp?P_Index=19087

언론에서는 과거 사례를 참고로 농민단체나 관련 부처의 반대가 커서 안됐다고 하는데 사실 그들은 거의 용인해준다고 할 정도로 분위기가 나쁘지 않았다. 오히려 약사단체의 반발이 컸다.[106] 아직도 일부 메이저 신문에서는 식품안전처가 정부조직을 확대하려는 시도였다는 시각을 갖고 있다.

논의 초기부터 공론화했더라면 이런 오해는 불식시킬 수 있지 않을까 하는 의견도 있지만 우리 현실에서 정부조직개편 문제를 공개적으로 논의하는 것은 참 어려운 일이다. 이명박 정부 초기 정부조직개편에서도 밀실개편이라는 비판이 있었지만 우리 현실에서는 그렇게 하지 않으면 정부조직을 개편할 수 없다. 이해당사자들이 많고 로비가 치열하기 때문에 일단 구체적인 방안이 공개되면 논란은 걷잡을 수 없이 확대된다. 물론 그런 주장 중 합리적인 것들만 있으면 좋겠지만 반대를 위한 반대가 훨씬 더 많다.

4) 식품안전처 모델의 한계점

식품규제의 4가지 원칙을 최대한 구현하려고 했지만 식품안전처 역시 부처 간 타협의 산물이라 나름 한계를 갖고 있는 모델이다.

첫째, 식품안전과 매우 밀접한 업무인 방역이 포함되지 않았다. 앞서 언급한 바와 같이 실제 국민건강에 큰 영향을 미치는 것은 단순 식중독이나 식품첨가물이 아니라 수인성전염병이나 인수공통감염증과 같은 전염병이다. 동물방역은 인수공통감염증과 매우 밀접하게 연계되어 있어 선진국에서는 방역업무까지도 한 기관에서 담당하도록 하는 추세다. 이렇게 중요한 방역이 식품안전처의 업무 영역에서 제외되었다. 그렇게 한 논리는 구제역 등 방역 업무 중 상당수가 식품

---

106) 암암리에 이루어진 공무원들의 반대활동도 농업이나 식품보다는 의약품 쪽이 훨씬 활발하였다.

안전과는 무관하고 농민의 이익과는 밀접하다는 이유에서다. 실제 1990년대 말 통합한 영국이나 아일랜드의 경우, 식품규제기관에서 방역업무를 담당하지 않는다. 방역을 포함시키는 것은 주로 2000년 이후 논의된 행정개편에서다.

둘째, 식품안전이라는 틀에 제한되어 소비자행정까지 그 범위를 확대시키지 못했다. 이 점은 식품안전기본법 마련 과정에서도 마찬가지다. 정부의 식품안전기본법안에 명시된 목적을 보면 식품안전과 국민건강만 명시되어 있을 뿐 소비자의 알권리나 권익에 대한 언급은 없다. 일본의 식품안전기본법도 마찬가지다. 반면 EU의 식품법은 국민건강과 함께 소비자의 이익 보호를 주목적으로 명시하고 있다.[107] 최근에는 일본도 소비자업무 일원화를 기치로 식품안전까지 담당하는 소비자청[108] 출범을 추진하고 있다.

식품안전으로 영역이 제한되다보니, 음식점 원산지나 유기식품 표시는 생산자 담당부처에서 하도록 했다. 식품안전이 아닌 소비자행정이라는 시각에서 보면, 식품안전처에서 하는 것이 맞다.

셋째, 좀 더 다양한 식품규제기구 모델을 검토하지 못했다. 캐나다처럼 위해성 분석 원칙을 감안하여 민간위원회에서 안전기준을 만들어 사회적으로 합의된 목표를 설정하고 관련 부처에서 이 목표를 달성하기 위한 집행정책을 펼치는 방안도 있다. 아니면 보건복지부에서 보건을 분리하고 공정거래위원회의 소비자정책기능까지 묶어서 EU 집행위원회와 같이 소비자보건부를 만드는 방안도 있다. 비슷한 방식으로 소비자식품농촌부를 만들 수도 있다.

---

107) 대개 서구국가에서 이렇게 식품안전과 소비자보호를 함께 묶는 개념이 발달하고 있다. 호주의 경우, 식품규제기관인 식품기준기구(FSANZ)의 설치를 규정한 법률에서 소비자보호를 중요한 목표로 제시하고 있다. 현재 미국에서 제안되고 있는 식품통합기관의 명칭노 단일식품기구(single food agency)로 식품안전이 아닌 전반적인 식품문제로 그 범위를 넓혀놓고 있다.

108) http://www.kantei.go.jp/jp/singi/shouhisha/index.html

Epilogue

막상 글을 쓰고 나니 그동안 갖고 있던 마음의 짐을 조금은 덜은 것 같은 기분이다. 하지만 여전히 아쉬움은 남는다. 너무 많은 주제를 한꺼번에 다루다보니 글이 좀 장황해지고 각 장별 연결도 좀 부족해 보인다. 준비했던 좀 더 많은 이야기를 담지 못한 것도 아쉽다.

원래 이글을 쓴 취지가 어떤 정답을 제시하기보다는, 식품문제 해결에 대한 큰 그림을 일단 제시한 후 부족한 부분이나 잘못된 부분을 함께 보완해가자는 것이었다는 점을 독자들이 이해해 주셨으면 한다. 그렇다보니 완성도보다는 전체 그림을 그리는데 좀 더 초점을 맞추었다. 큰 방향과 관계없는 과학적인 사례를 많이 다루지 못한 것도 아쉬움이 남는다. 최근 사회적으로 큰 혼란을 일으키고 있는 미국산 쇠고기 협상의 경우, 여러 가지를 잘 설명할 수 있는 소재임에도 이 책에서는 별도로 언급하지 않았다. 너무 민감한 사안을 이야기함으로써 자

첫 이 책의 의도나 취지가 잘못 전달 될 수 있다는 우려에서다. 하지만 이 책의 내용을 보면 그 협상에 대한 평가도 자연스럽게 나오지 않을까 싶다.

사실 식품 문제는 명확하지 않은 경우가 많다. 마치 '물이 반잔 든 컵'과 같다. 물이 반이나 남았다고 생각할 수도 있고, 물이 반 밖에 안 남았다고 생각할 수도 있다. 식품 문제도 비슷하다. 별거 아니라고 생각하면 별거 아니고, 심각하다고 생각하면 심각하다. 정책의 과학적 근거도 충분하다고 생각하면 충분하지만, 그 허점을 찾자고 하면 또 많은 허점을 찾을 수 있다. 그렇다고 마냥 결정을 미룰 수는 없다. 이렇게 불완전한 상황에서 5년, 10년 후 좋은 결정이었다고 할 수 있는 결정을 내려야 한다.

과거 식품사고를 돌이켜보면 우리 국민들의 건강에 심각한 문제가 생겼던 경우는 그리 흔치 않다. 대부분의 경우 그런 혼란은 정보교환의 부족이나 오해에서 비롯되었다.

이런 혼란을 최소화하기 위해서는 무엇보다 선입견을 버리고 좀 더 상대방의 목소리에 귀를 기울여야 한다. 정부가 모든 것을 해결해 줘야한다거나 소비자는 잘 모르니 정부가 정하면 따라오면 된다는 사고는 서로의 이해를 높이고 의사소통을 하는데 가장 큰 장애요인이다. 이제는 소비자도 이상적인 것만을 이야기하기보다 우리가 살고 있는 현실을 좀 더 생각했으면 한다. 정부도 미리 방향을 정하기보다 과학적 사실에만 위배되지 않는다면 소비자와 기업이 모두 상생할 수 있는 방향으로 정책을 결정 했으면 한다. 100% 안전성을 담보할 수 없는 상황에서 정부가 신뢰를 얻을 수 있는 가장 좋은 방법은 열심히 일하는 모습, 함께 하려는 모습을 보여주는 것이다. 기업도 정부에만 책임을 돌리기보다는 이제 스스로 책임질 줄 알아야 한다.

출판사에서 원고 편집을 진행 중일 때 식품안전기본법이 국회법사위를 앞두고 있다는 소식이 들려왔다. 아직 법안을 보지는 못했지만, 뉴스를 통해 들리는 내용을 보면 다분히 정부안 중심으로 처리된 듯하다. 얼마나 당초 취지를 살려 잘 실행될지는 모르지만, 어쨌든 그 작업을 했던 사람으로 보람을 느낀다. 아무쪼록 그 취지가 잘 살려졌으면 하는 바람이다. 물론, 현행 부처간 업무를 그대로 둔 채 종합조정기능을 강화하는 이번 조치는 사실 임기응변적 성격이 강하다. 우리도 조만간 식품규제통합기관의 출현을 기대해본다.

마지막으로, 이 책으로 인한 피해자가 없었으면 하는 마음이다. 이런 마음은 국무총리실에서 일할 때도 그랬고 지금도 그렇다. 사실 다 함께 잘해보자고 하는 것이지 누구에게 피해를 입히고자 하는 것은 아니다. 하지만 일을 하다보면 여러 가지 이유로 피할 수 없는 경우도 있다. 이 글을 빌어 그간 섭섭했던 분들께 양해를 구한다.

책에서 미처 이야기하지 못했던 이야기들은 블로그[109]를 통해 더 할 수 있기를 바라며.

---

[109] http://lifeforfood.tistory.com/